新媒体与设计类系列教材

"互联网+"新形态一体化教材

新媒体综合实践教程

主　编　廖国良　刘　奕

副主编　刘　博　余　毅　邢　茹

▶微课视频

▶教学课件

▶拓展训练

扫一扫学习资源库

上海交通大學出版社
SHANGHAI JIAO TONG UNIVERSITY PRESS

内容提要

本书是一本浅显易懂的实操性新媒体综合实践教程。本书共 14 个项目，从初学者角度出发，通过通俗易懂的语言、流行有趣的实例，对新媒体的运营、短视频入门、定位、视频拍摄、后期制作、引流、营销和变现、各大热门 App 特点及运营技巧等问题进行了具体的说明，同时涵盖了电商运营实战，力求为读者呈现条理清晰、层次分明的电商运营图谱，对入门的新媒体运营新手有较强的指导意义。

图书在版编目（CIP）数据

新媒体综合实践教程 / 廖国良，刘奕主编 . — 上海：上海交通大学出版社，2021.11（2024.2 重印）

ISBN 978-7-313-25716-1

Ⅰ . ①新… Ⅱ . ①廖… ②刘… Ⅲ . ①传播媒介—运营管理—教材 Ⅳ . ① G206.2

中国版本图书馆 CIP 数据核字（2021）第 223399 号

新媒体综合实践教程
XINMEITI ZONGHE SHIJIAN JIAOCHENG

主　　编：廖国良　刘　奕　　**地　　址：**上海市番禺路 951 号
出版发行：上海交通大学出版社　　**电　　话：**6407 1208
邮政编码：200030
印　　制：北京荣玉印刷有限公司　　**经　　销：**全国新华书店
开　　本：889 mm × 1194 mm　1/16　　**印　　张：**10.5
字　　数：252 千字
版　　次：2021 年 11 月第 1 版　　**印　　次：**2024 年 2 月第 3 次印刷
书　　号：ISBN 978-7-313-25716-1
定　　价：62.00 元

Preface 前言

随着互联网的发展，5G 时代的来临，短视频的时代也加速到来。短视频相对于传统视频来说，具有信息碎片化和与用户之间深度互动等优势，因此，在这样的时代背景之下，各大新媒体平台、新媒体创作者、电商等也参与到新媒体短视频营销中来，共同挖掘短视频的巨大潜力。

目前，新媒体相关的书籍层出不穷，尤其是短视频制作、运营等相关内容也慢慢增多，但很多书籍存在概念模糊、缺乏理论与实践相结合等问题，基于此，本书从众多的新媒体营销活动中提炼了大量的有价值的技巧、收录媒体实战案例和相关理论资料，帮助大家了解如何进行新媒体短视频运营，以便早日熟练掌握运营和营销技巧。

但是，对于一些新媒体运营的新手和相关专业的在校生来说，应该如何进入这个新媒体行业中呢？针对这种有效的引流和营销工具，到底应该如何做呢？相信大家现在都会产生一系列疑问。如创作者如何拍摄和剪辑才能吸引用户注意？运营者如何应用各大 App 实现引流？短视频如何实现快速营销和变现？

针对这些问题，本书将以理论和案例相结合的形式来进行解答，本书共有 12 个项目。项目 1~4 为实战基础部分，全面呈现了什么是新媒体运营、新媒体运营的四大要素、新媒体活动策划及文案的编制；项目 5 为实战精髓部分，将从新媒体引流出发，分享当前火爆全网的直播引流、热门的 App 引流以及线下引流的方法和技巧；项目 6~12 为实战综合部分，也是本书的重点打造内容，从短视频的前期策划、中期拍摄、后期制作角度入手，分析各大热门新媒体平台的营销特点和技巧，通过图片加案例的形式呈现。

本书既可作为高等院校数字艺术、数字媒体、电子商务等相关专业的教材；也可作为广大新媒体爱好者的自学用书，以及广大企事业单位新媒体从业人员的职业教育和在职培训教材或参考用书。由于新媒体目前形势变化速度较快，书中难免有疏漏和不足之处，恳请广大读者批评、指正。此外，本书编者还为广大一线教师提供了服务于本书的教学资源库，有需要者可致电 13810412048 或发邮件至 2393867076@qq.com。

Contents

目 录

项目 1

初识新媒体运营

项目目标

（1）了解新媒体运营范畴。
（2）学习新媒体运营的入门技巧。
（3）掌握企业新媒体运营的四大要素。
（4）学会构建新媒体平台的盈利模式。

项目结构

项目导入

媒体这一名词最早来源于拉丁语，被翻译为媒介，其意为两者之间。媒体即是指传播信息的媒介，它是指人们用来传递与获取信息的工具、渠道、载体、中介物或技术手段，不仅如此，它还是传承人类文明、推动社会经济发展的重要手段，它使人与事物之间的距离更近了，也拓宽了人与人之间的交流领域。

任务 1.1 了解新媒体运营

新媒体运营是建立在现代化移动互联网的传播基础之上，以 QQ、微信、微博、短视频平台等新兴媒体平台工具为途径进行宣传、推广、营销等的一系列运营手段。其通过策划与品牌相关的优质、具有高度传播性的内容和线上活动，向客户广泛推送或精确推送消息，以提高用户参与度和品牌知名度，充分利用粉丝经济，达到相应营销的目的。

1. 新媒体运营范畴

企业新媒体代表的是一种品牌与市场营销思维，通常所说的微信、微博等仅仅是一种途径。内容的生产、新媒体活动的策划表现、企业产品 IP 化推进、企业产品创新、用户在线服务与运营等多个方面，其实都属于新媒体范畴。对于不同类型的行业与企业，运营范畴根据公司需求是有所不同的，例如，经营范围和规模较小的公司只需要运营好微信、微博就可以了，而经营范围广且规模较大的公司所呈现的运营内容就相对较多。

2. 新媒体运营的入门技巧

就目前的传媒大环境而言，新媒体的传播形式无处不在。每日必刷的微博和朋友圈、时常浏览的今日头条和公众号、睡前观看的各个短视频平台、有问题必看的知乎、影评常用的豆瓣等都是新媒体的一部分。如何做到以内容吸引受众？如何将运营的粉丝和内容变现？这两个问题成为新媒体运营的关键性问题。想要快速进入这个朝阳行业，就要从入门技巧开始学习和了解。

（1）了解新媒体：新媒体运营这个名词由两个名词组合而成，分别是新媒体和运营，而新媒体指的是通过 QQ、微博、微信、快手、头条等新媒体展示平台进行引流；运营则是指通过各类活动或展示使用户存留及转化。新媒体运营包含了以下几个方面：内容、渠道、活动、用户和数据等。

（2）熟悉新媒体：每一个新媒体平台都有各自的引流技巧和方法，这些方法需要了解和摸索，需要付出大量的时间和精力。不同的平台有不同的规则，如果触犯了平台规则，将会承担不同程度的后果，严重时甚至可被封号。如果是新手，熟悉新媒体平台就更加重要了。可以根据个人所擅长的领域，每天持续发布内容，熟悉新媒体以后再结合自身的实际情况升级内容。

（3）拥有持续学习的能力：结合当下互联网大环境，不断充实个人的网络知识，要具备互联网思维，除此之外还要学会使用各类软硬件工具来提高制作效率。当熟悉了各个平台以后，就可以借助各类互联网工具来提升工作效率了。例如，影像处理工具、百度云、视频剪辑工具、海报制作工具等，工具仅可以作为制作用具，在新媒体的运营中最关键的是不断学习和思考，以提升个人制作能力。

（4）拥有独特的眼光：成功的产品推广方案离不开准确的产品定位、销售目标人群分析和制定有效的相关方案，只有具备准确的产品定位、销售目标人群分析和制定有效的相关方案后才能建立团队进行执行高效推广，将内容的影响扩大。在这个过程中需要拥有独特的眼光和冷静分析的头脑，根据客户内容所需做到有价值的推广。

（5）高价值内容必胜：切勿眼高手低，须脚踏实地，从低做起，谦虚有礼，方为大计。高价值的内容，不仅是引流的关键亦是核心，如果内容没有价值或价值不高，就无法引起关注，后续推广就无法得到良好展开。低质量内容无法长久，制作者也会慢慢失去信心。新媒体运营的新人，须从基础做起，多向高手学习，在实践中见真知。

3. 新媒体运营的思维工具

思维工具即是能够有效影响思维抽象活动、提高思维效能、延伸思维深度，把抽象思维过程具体可视化的一类方法技能的总称。从事自媒体推广和运营相关工作，就必须要拥有属于自己的一套运营工具，图 1-1 所示为新媒体运营工具的思维导图。

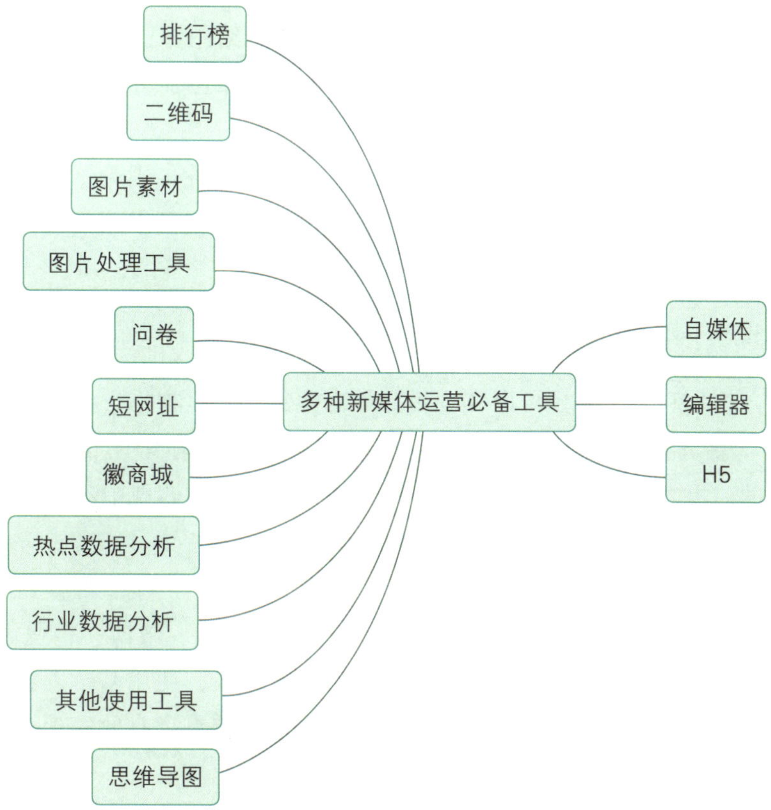

图 1-1　新媒体运营工具的思维导图

任务 1.2　掌握企业新媒体运营的四大要素

如何有效进行企业新媒体运营十分关键，以下将介绍四大新媒体运营要素，通过简要分析各个要素，帮助用户提升运营质量。

1. 定位——抓住用户的核心诉求

定位一词出自《韩非子·扬权》，其意是指确定方位、确定或指出的地方、确定场所或界限。定位一词具体到新媒体运营当中来，呈现最多的就是企业新媒体的运营定位，但是很多企业的新媒体定位并不清晰。企业宣传部门想要市场知道企业的最新动态，希望通过内容可以和用户互动，也需要心灵鸡汤或是产品推广等内容。如果视觉风格、内容风格都呈现混乱状态，这就是定位不清晰的典型表现。

要实现的具体目标十分重要，因为只有明确了这个具体目标才能进行准确定位。对于企业而言，解决这一问题需要从多方面着手，如企业的新媒体表达属性与最终目的的达成，用何种姿态来面对广大新媒体用户。明确的定位需要持之以恒的坚持进行推动，企业可以根据自身属性进行分类，例如，工具支持型、用户服务型、产品营销型、电商服务型、平台交易型、资讯信息服务型等。

例如，"联联周边游"订阅号就是目前市场较为热门的订阅号，用户十分喜爱。用户喜爱的原因是其内容基于轻松的语气风格和直白的表达方式，不仅如此，"联联周边游"本身还是很多用户常用的优惠交易平台。"联联周边游"订阅号将优惠产品推送给用户，用户从中得到了实惠，所以"联联周边游"得到了用户的信任和互动，这就是精确定位，抓住了重点。不同类型的订阅号不能单纯模仿，因为它们的定位不同。

在决定一个企业公众号定位时，要注重具体实现性和功能属性，因为这不同于企业宣传，是新媒体宣传服务过程中对企业新的认识和新的开始。企业公众号不仅可以用作宣传，还可以成为优秀的服务平台。

2. 策略——现实内容价值转化

策略一般指的是策划和谋略，是可以实现目标的方案集合，是根据形势发展而制定的行动方针和斗争方法，也要注意方式方法和斗争艺术。策略实施就好比迷途中的指南针，能指引明确的方向。在做好了定位的前提之下，看似策略不实际化，在最终结果的体现中却非常明显。

在新媒体运营策略中，新媒体内容分发模式十分重要，例如，今日头条、一点资讯等优秀的聚合类媒体平台正在成为新媒体运营当中重要的流量与用户价值入口。垂直媒体聚合模式是近两年来兴起的全新的新媒体运作模式，在这样的模式下，构建基于微信、微博、企业 App 之外的多媒体分发平台，对企业来讲，是非常重要的一种举措。由手机端出发，使用基于内容的营销模式，投入用户聚集度较大的平台之上，寻求用户诉求并迎合各个平台的特点，有效实现企业品牌内容塑造的传播。

在新媒体运营方面还有一点也非常重要，就是内容的生产模式和逻辑。在运营过程中除了企业的运营专员所产生的内容以外，还可构建行业社群和粉丝社群，这样可以使更多人参与到内容的生产中来，这对企业品牌的塑造和传播有非常好的影响。这些需要企业新媒体运营中具备高效的逻辑，这样才能高效实施，体现价值。在实现以内容营销为核心的构建中，新媒体运营中良好的生态制度和建设是值得借鉴的，例如，打造企业 IP、建立和打通企业新媒体与用户价值实现的利益共享机制等工作，都可以成为企业新媒体运营策略。

综上所述，可以了解到对于不同企业的需求、所要表达的不同目标而言，任何新媒体的运营模式都需要以内容为基础，并在内容优化的基础之上通过渠道和人员的共同努力来实现运营目标。

3. 运营——优化运营整体方案

新媒体运营这个名词，经常出现在日常交谈中，不是谈的人多，成功的人就多，其实新媒体运营中失败的人并不仅占少数。可以从多方面探讨新媒体运营的道路，在运营的各个环节中都需要有全面的知识和深度的了解，这样才能在运营和实施的过程中得以应用，游刃有余。企业新媒体的边界与范畴如图 1-2 所示。

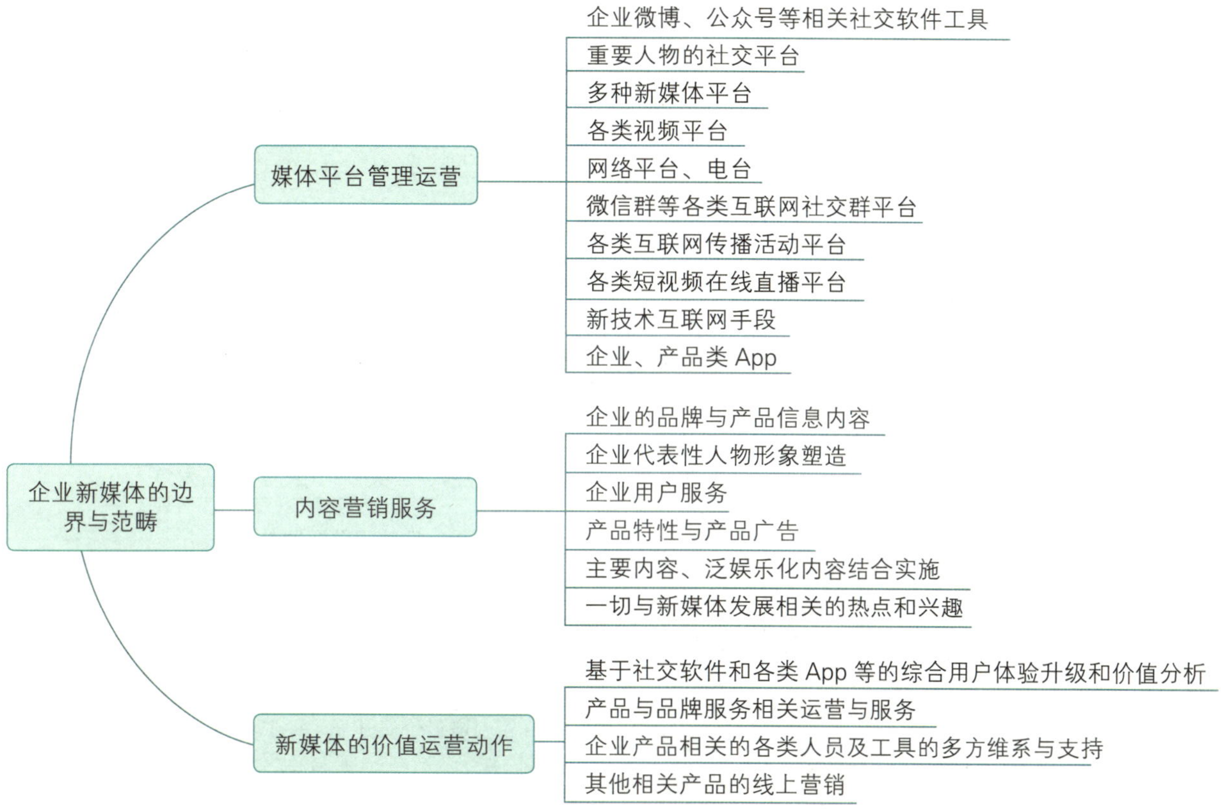

图 1-2　企业新媒体的边界与范畴

在企业运营过程中，新媒体运营专员需要解决一个问题，就是新媒体的运营如何实现。新媒体运营专员需要有一套有效的运营方案，并善于使用相关各类工具，为运营过程中所遇的各类情况做好储备。

4. 团队——搭建运营团队整体方案

团队对于新媒体运营是至关重要的，团队是由一群人组织起来的一个共同体，一个团队需要优秀的人才，更需要优秀的组织者和领导者，要有共同的强烈欲望和明确的目标。一个团队中每个人都有自己的特长，把每个人的特长集中一起，才能成就伟大的事业。企业新媒体的成败，与运营人员和团队密切相关，因为在内容营销中，团队所产生的价值是突出的、重要的。

一位成熟的新媒体运营者可以从若干细微的展示形式中展现新媒体运营的价值和意义。新媒体运营中，团队中的核心人物对于整个运营团队来说至关重要，核心人物除了要把握营销和运营的大方向以外，还要对质量和内容进行严格把关，并且要具有领导和团队协作能力，这就需要这位核心人物具有良好的人际关系和卓越的人格魅力，并且全方位掌握新媒体运营相关知识和思维技巧。构建一个新媒体运营团队需要的不仅仅只是编辑和美工，为保证新媒体的有效运营还需要多方面的资源和企业专业人员进行支持，以实现企业的诉求。企业新媒体团队人员的组织如图 1-3 所示。

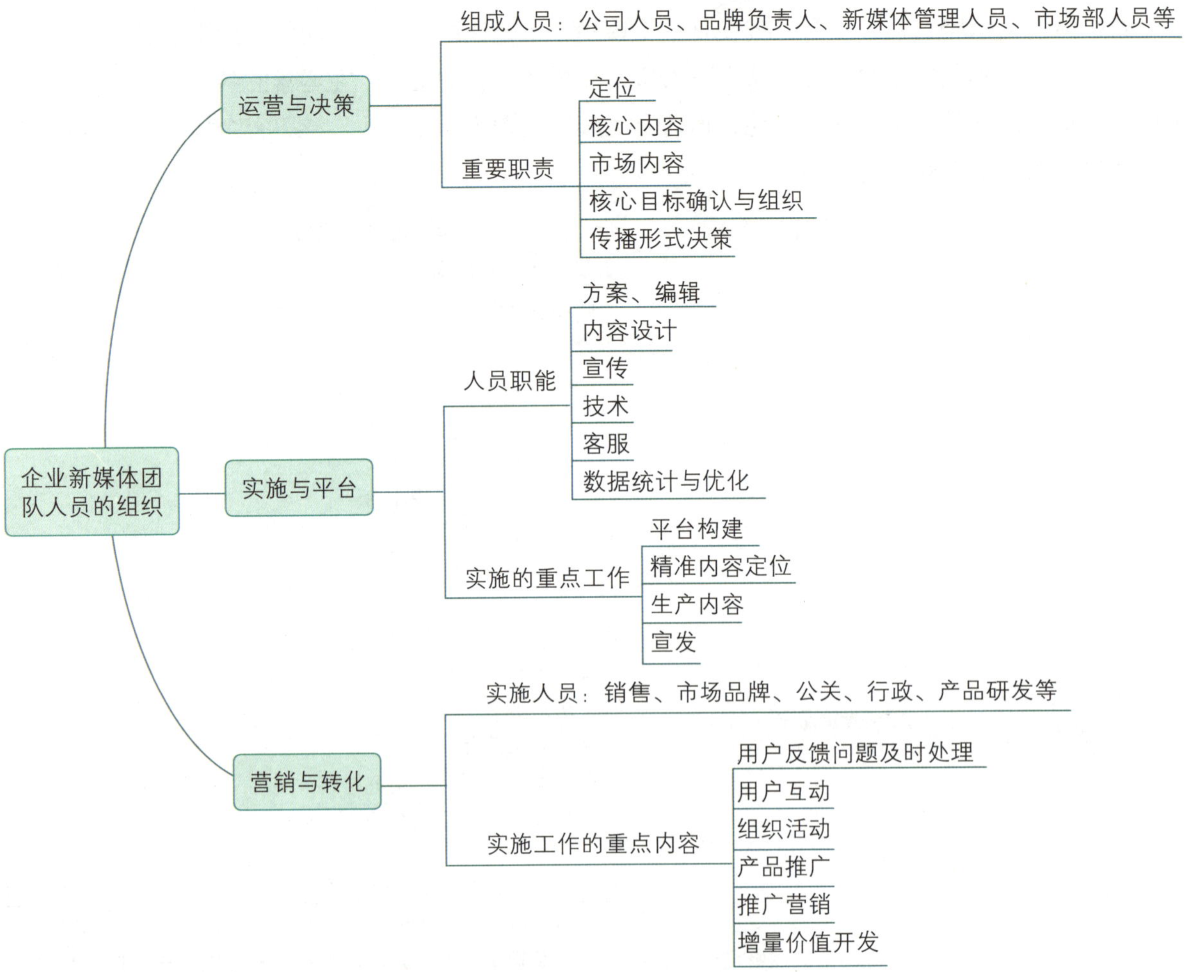

图 1–3　企业新媒体团队人员的组织

如图 1-3 所示，图中将企业进行新媒体运营组织实施的各种人员、团队因素进行了比较和系统的分析。在当今新媒体时代，企业新媒体运营不是一项简单的基本操作，而是一个非常具有价值的多因素综合管理操作。

任务 1.3　学会构建新媒体平台的盈利模式

技术的创新和发展带来了目不暇接的新媒体形式和终端，在与传统媒体的竞争中，新媒体的商业模式不断发展并逐渐成熟。从数字技术构建的新媒体的运营方式入手，主要有新媒体发展的物质经济基础和盈利模式。

1. 粉丝变现

当前人们的娱乐生活十分丰富，短视频、微博、微信公众号等新媒体平台充斥着人们的业余时间，社交也因此更加丰富多样化。很多社交软件及新媒体平台对用户是免费的，但是新媒体生存需要资金和成本。其盈利方式有多种，普遍的盈利方式主要有两种：广告和会员缴费。

粉丝变现也是众多盈利方式中的一种，简单理解粉丝变现就是通过粉丝来获取利益，通过粉丝来达到赚钱的目的。现在自媒体中的大咖小咖很多，有很多新人投入自媒体创业。在公众号上，写文章吸引粉丝阅读可以通过文章底部的广告进行获益。一篇好的文章，通过转载、公众号推广等多种方式拥有10万+的阅读量是十分轻松的，粉丝或者是未关注的用户在阅读完毕后点击观看文章底部的广告，文章的创作者或文章隶属的公司就可拥有收入，再通过转载等方式传播即可拥有更多收入。

目前自媒体平台数量很多，种类丰富，例如，头条号、UC号、网易号等。部分平台允许携带广告，部分平台不允许携带广告，不允许携带广告的平台可以依靠系统中插入的广告赚取收入。自媒体快速发展造就了新媒体时代的辉煌，在当下，人人都是其中一员，人人都可以投身其中，人人都可以免费注册。相对其他行业来讲，新媒体时代变现的速度是非常快的，很多从业者批量操作，写文章、写故事，赢得用户、粉丝的青睐，受到平台推荐，收入自然来。

2. 品牌广告

无论是传统媒体还是新媒体，广告的收入都十分重要，广告是主要的收入来源，但是受众或用户就需要观看内容中的广告。在新媒体平台中，内容所受到的关注量越大，那么广告收入也就越多。很多门户网站、视频网站、网络平台、直播平台等都是通过其内容来吸引用户的关注或持续关注的，以平台的广告位获取利润。内容免费已经在目前的大多用户和网络“冲浪”人士中形成固有印象，所以很多广告主也纷纷转战线上平台进行广告投放。

对比传统媒体与新媒体，新媒体的广告投放更加多元化，展示内容将不再固定，呈现多角度和多形式的现状。例如，横幅广告、按钮广告、内容植入广告、链接广告等，内容从产品广告、观念广告、公益广告到品牌广告等，类型十分丰富。

时代脚步不停歇，广告所呈现的方式也在不断增加，新媒体时代的到来让广告投放方式更加适合快节奏的生活及移动互联网碎片化的多元消费现状。为了达到广告推广效果，很多商家线上线下两步走，传统媒体和新媒体同时投放，以赢得最佳宣传效果。

3. 内容付费

内容付费是新媒体变现的一种常见方式，但是并不成熟，属于初级阶段，效果并不理想。远瞻未来，相信内容付费会发展得更加成熟，成为主要的收入来源之一。

目前，新媒体平台当中内容付费较多的主要是网络小说，采用的方法多是前几章免费，后续内容观看需要付费，或者是每天免费推送几章内容，如果用户想在当天持续观看就必须按平台要求付费。当有些用户养成了持续观看内容的习惯后，就必须充值来满足持续观看内容的需求。

除了以上内容付费的案例以外，视频网站同样如此，还有通信运营商（中国移动、中国电信等）固定的合作商家（优酷视频、爱奇艺视频等）。

4. 内容电商

新媒体发展势头十分迅猛，为电商带来了更多销售机会。例如，当用户打开淘宝时，从以前的搜索内容、选择购物到现在淘宝平台各类直播或视频的推荐购物，促进用户消费的手段更加丰富多样化。

部分新媒体展现的内容是为电商引流，因为新媒体是无法完成自我生产、配送等环节的，唯有充当中间商的角色，所以新媒体所产生的内容并不一定是由自身所产生的。例如，美团、大众点评网、饿了么、联联周边游等。

在信息时代的今天，人们的消费能力越来越强，新媒体凭借着自身的属性为电商打开了新的销售模式，还可以帮助电商用户随时随地进行消费，提供高效购物服务，降低了购物时间，多重对比，优惠好省，无论对电商而言，还是对用户而言都起到良好的衔接作用。

5. 社交变现

社交软件是将与自身有关的朋友、亲戚、同学等织成一张关系网，网内有沟通有交流。在这样的情况下，很多沟通交流的社交软件就此登场了。彼此之间就是对手，竞争更加激烈，为了能够从中胜出，内容优化、盈利渠道的拓展和优质用户的把握十分关键。

在社交变现中，广告依然是主要的盈利模式，例如，微信，在用户查看朋友圈时会观看到强制广告，如同好友发送的，而用户自身的好友在广告下留言也是可见的，好友相互之间均可留言互动，为广告播放增加了趣味性，吸引了用户的关注度。

除了广告盈利模式以外，还存在着其他盈利模式，例如，品牌的宣传、企业用户的宣传、个人的宣传等。社交推广具有十分强大的能力，可帮助品牌方或企业进行有效的宣传和推广，成了很多营销活动的有效助力者。

项目 2

新媒体运营方向定位

项目目标

（1）认识和理解新媒体营销的相关概念。
（2）了解新媒体的信息捕捉能力、文字功底、整合能力。
（3）学习新媒体平台与新媒体运营工具的使用与操作。

项目结构

任务 2.1　新媒体营销的发展历程与方向
任务 2.2　新媒体营销的发展历程
任务 2.3　新媒体营销的发展趋势
任务 2.4　新媒体运营人才应具备的技能
任务 2.5　新媒体平台与新媒体运营工具的使用与操作
任务 2.6　新媒体运营的注意事项

项目导入

近年来新媒体行业快速崛起，受到各大企业、品牌的追捧。新媒体具有交互性强、时效快、涉及领域广、影响力大等特征。各大企业、品牌方开始利用其优势建立自媒体号、企业营销号，进行品牌营销工作，并取得显著的成效。新媒体营销的概念就此应运而生。

任务 2.1 新媒体营销的发展历程与方向

新媒体与媒体具有相互联系、密不可分的关系。媒体（Media）这个词来自拉丁语中“Medius”，又称为媒介。媒体就是传播信息的媒介。《传播学教程》中定义：“媒体是指人借助用来传递信息与获取信息的工具、渠道、载体、中介或技术手段。也可以把媒体当作将切实的信息从源头传递到受众的一种技术方法。媒体有两层含义，其一是承载信息的物体，其二是指储存、呈现、处理、传递信息的实体。”可以理解媒体是能够进行信息传播的宣传平台。传统的媒体包括四个部分，分别为报纸、电视、广播、杂志。

新媒体是相较传统媒体而言的，可以理解为升级版全新的媒体形式。例如，网络、数字期刊、数字报纸、数字广播、手机客户端、数字电视、数字电影、触摸式屏幕等。新媒体又被称为“第五媒体”。

美国《连线》期刊曾将新媒体定义为“所有人对所有人的传播”。新媒体的理念最早出现在1967年，美国哥伦比亚广播公司（Columbia Broadcasting System，CBS）技术研究所所长戈尔德马克提出。随着时代的发展，科学技术的进步，新媒体开始利用数字技术、网络技术、移动技术，通过网络、卫星系统等发送内容到电视、电脑、手机等终端设备上，为用户提供信息、大众娱乐等服务。联合国教科文组织给新媒体这一词定义为“以数字技术为基础，以网络为载体进行信息传播的媒介”。严格说来，新媒体应该称为数字化媒体。

常见的新媒体平台有以下五种：第一种，对用户认同感要求较高的半封闭式新媒体，如微信公众号、QQ 公众号平台等；第二种，适合快速浏览的短信息平台，如新浪微博、今日头条的微头条、Twitter 等；第三种，适合做自媒体的开放推荐式平台，如今日头条、搜狐自媒体、网易自媒体、一点资讯、UC 自媒体、百家号等；第四种，视频式平台，常见的长视频平台主要有优酷网、爱奇艺、土豆网、bilibili（b 站）、腾讯视频等，近几年火起来的短视频平台有抖音、微视、快手、火山小视频等；第五种，主要做品牌宣传，软性植入品牌推广广告，从而获得粉丝流量的问答平台，如悟空问答、百度问答、知乎问答、微博问答、搜狗问答、360 问答等。

新媒体营销是指利用新媒体平台进行营销的模式。可以理解为通过对企业、品牌、产品策划优质的内容，利用高度传播的特性，采用线上活动等方式，广泛地或精准地向客户推送产品信息，针对消费者的心理进行引导的一种营销模式，用以扩大企业、品牌或产品的影响力，充分利用粉丝经济，达到相应的营销目的的一种新的媒体手段。

2003 年 7 月，美国新闻学会的媒体中心出版了一份“We Media（自媒体）”研究报告。谢因波曼与克里斯威理斯两人对自媒体进行了定义：“We Media（自媒体）是普通大众经由数字科技强化、与全球知识体系相连之后，一种开始理解普通大众如何提供与分享他们本身的事实、他们本身的新闻的途径。”自媒体是个人的、大众的、宽泛的、不受别人支配的传播方式，利用先进的科学技术，通过计算机和网络传播的一种手段，向网民传递信息的数字化媒体的平台，也称为“个人媒体”或

“公民媒体”。自媒体不同于传统主流媒体的传播方式，它是普通网民均可参与的信息传播活动，由以往“点到面”的传播，转变成为“点到点”的平等传播。同时，网民与用户生产、积累信息，分享、传播内容，它具备私密性和公开性双重的传播特点。

自媒体平台包括自媒体平台和论坛，很多的自媒体平台都是搜索引擎的信息源。自媒体最具有代表性的平台包括：美国的 Facebook 和 Twitter；中国的新浪微博、腾讯微博、微信朋友圈、微信公众平台、百度贴吧等社交平台，以及小红书、豆瓣、天涯、知乎等网络社区；今日头条的头条号、百度的百家号、腾讯的企鹅号、UC 浏览器的大鱼号等依托于浏览器或新闻客户端的新媒体平台。

任务 2.2　新媒体营销的发展历程

1. 新浪微博

2009 年 8 月，“新浪微博”内测版问世。同年 11 月，新浪微博正式与用户见面，如图 2-1 所示。微博是我国领先的社交媒体平台，它基于公开平台架构，提供简单的方式使用户能够实时发表内容，进行自我表达，与他人互动并与世界相连。注册用户可以创作和发布微博，并附加图片、视频或编辑长博文。微博上的注册用户可以关注其他任意注册用户，对任意一条微博发表评论并转发。微博具有简单、不对称和分发式的特点。用户可以在搜索引擎中搜索最近一段时间的流行话题和新闻大事，其中频率最高、能带来最多流量的关键词在实时更新的过程中形成“热搜”。因此，吸引了大批量的用户使用，其中包括普通大众、明星、企业家、学者等，以及各大官方媒体、企业、各省市政府机关单位、慈善组织和其他机构等。

很多企业、品牌、商家在此发现了商机，开始在微博中打造品牌影响力，吸引用户参与体验，例如，华为手机以及国产美妆品牌完美日记、橘朵等。

图 2-1　新浪微博

2020 年的微博 Q1 财报显示，微博月活跃用户（Monthly Active User，MAU）5.5 亿，日活跃用户（Daily Active User，DAU）2.41 亿；营收 22.7 亿元，运营利润 5.26 亿元，超过华尔街分析师预期；视频播放量与播放用户同比增长均超过 30%，活跃 PGC（professional generated content）视频作者近百万，UGC 视频日均播放量环比增长 50%，优化播放体验的同时，提升了推荐效率，增加了流量倾斜，扩大了消费规模；500 多名视频作者收获了百万以上新增粉丝；直播开播总场次超百万，面向多个垂直行业推出了直播新模式。

由此可见，新浪微博在商业化的摸索上顺应了企业客户从线下营销到线上营销转移的趋势，成为新媒体营销当中至关重要的一个平台。

2. 腾讯微信

腾讯公司在 2011 年 1 月推出了一款智能终端提供即时通信服务的免费应用程序——微信（WeChat），如图 2-2 所示。微信作为一款聊天软件，支持发送语音短信、视频、图片、表情和文字等基础功能，并提供收付款、公众号、朋友圈、小程序、视频号等功能，用户可以通过“摇一摇”“看一看”“搜一搜”“搜索号码”“附近的人”“扫一扫”添加好友和关注公众号，好友之间可以分享公众号中的文章，用户看到的精彩内容也可以分享到朋友圈。

2014 年 3 月，微信开放支付功能——微信红包和微信转账。同年 8 月，微信推出了名为“微信智慧生活”全行业解决方案，微信公众号结合微信支付，将各行各业将传统的商业模式“平移”到微信平台。微信营销中涉及的服务能力包括移动电商通道、识别用户、分析税率、支付结算、客户关系维护、售后服务和维权、社交推广等。这也预示着微信开始扩大其商业模式，使得合作企业可以与用户产生联系，推动企业传统营销模式向新媒体营销模式转型。

微信不受距离限制的影响，用户注册微信后，可以与周围同样注册过的“同伴”形成一种关联，查询并订阅自己所需的信息，企业通过点对点的营销模式，为用户提供产品，推广品牌。微信营销主要是在利用移动客户端进行区域性的定位营销，企业、品牌通过微信公众平台，利用新媒体形式转换用户为客户，利用微信平台展示企业、品牌的官网，吸纳企业或品牌会员，针对性地推送产品信息，包括在线支付、组织线上线下活动，形成了一种新的主流营销模式。微信已经成为一种全新的“智慧型”新媒体营销平台，逐渐走进大众的生活，改变了人们的消费方式。

腾讯发布的 2020 年 Q2 财报显示，腾讯微信及 WeChat 的月活跃账户达 12.1 亿，同比上涨 6.5%；金融科技及企业服务业务收入同比增长 30% 至人民币 298.62 亿元；网络广告业务收入同比增长 13% 至人民币 185.52 亿元。现在即使有了更加新颖的营销方式，但企业和商家依旧会通过微信来进行营销推广，协同打造营销矩阵。因为微信有庞大的用户群体，企业、品牌可以获得客观的流量和收益。

图 2-2 腾讯微信

微信营销，就是让一个普通用户在社群、朋友圈、公众号中认识品牌价值，并购买消费的过程。如今双微营销模式已成为企业、品牌、产品的必选平台。

3. 今日头条

今日头条的核心在于“信息创造价值”，其于 2012 年 8 月发布第一个版本，如图 2-3 所示。今日头条是一款根据数据挖掘的推荐引擎产品，通过对大数据的计算，围绕内容体裁和分发方式两个维度不断丰富维度推荐信息，利用大数据定位用户所在城市，自动识别本地新闻，并根据用户年龄、性别、职业等特征，推荐其感兴趣的内容，倡导“个性化阅读”理念，已衍生出文字、图片、视频、直播、问答、微头条、专栏等多种内容形式。根据 2020 年 1 月 7 日发布的《2019 今日头条年度数据报告》中的数据显示，2019 年，头条创作者全年共发布内容 4.5 亿条，累计获赞 90 亿次。其中，有 1825 万人是首次在头条上发布内容。

今日头条在 2013 年推出“头条号”，媒体、国家机构、企业以及自媒体利用其发布信息，帮助头条创作者在移动端获取更高的曝光和关注，做好价值导向。2016 年，今日头条正式加入短视频领域竞争。目前，今日头条主要盈利模式有两种：在开启界面和新闻内容之中广告变现；借助第三方购物平台的电商变现，例如，与淘宝 App、京东 App 等合作就需要借助淘宝、京东等平台的支持。因此，今日头条为满足更好的用户体验，不断地创造更有品质保证的内容。

图 2-3 今日头条

随着我国政务新媒体建设得到空前发展，今日头条继“两微”之后又上“一端”。

4. 其他平台

近年来，除“两微一端”、各大互联网巨头推出的自媒体平台外。视频平台也有成为新媒体营销平台的趋势。视频类平台分为直播平台、短视频平台和音频平台。网络直播平台如斗鱼、虎牙、YY、腾讯 NOW 直播、映客、花椒、一直播等。网络直播的直观性和即时互动性强，让用户具有很强的代入感。短视频平台如抖音、快手、腾讯微视、火山小视频、全民小视频等，用户可以自由地选择音乐、快拍、慢拍、滤镜、贴纸、特效制作视频，并将视频分享到微信好友、朋友圈、微博、QQ 空间，提高传播度，短视频平台自身大力扶持视频博主变现，并提供流量红利。对于目前市场渗透率极低的音频平台来说，打造知识付费、建立直播频道成为移动音频平台拉新、变现的新思路。音频平台有云听、企鹅 FM、网易云、喜马拉雅 FM、荔枝 FM、蜻蜓 FM、懒人听书等。

此外，还有小红书、简书等创作社区，用户在上面可以方便地创作自己的作品，及互相交流；以及知乎、悟空问答等网络问答社区，用以连接各行各业的用户。用户分享着彼此的知识、经验和见解，提供多种多样的信息。这类新媒体营销的互动性和针对性强，在帮助企业、品牌快速建立良好口碑的同时，还可以引导舆论方向，改变用户对企业、品牌的看法和认知度；帮助潜在的用户解决难题，扩大用户的知识层面；并根据社群用户所选择的关注点，做到精准的推广。

从全球电子商务移动化的发展趋势来看，企业、品牌为聚合分散的用户、流量，开始着手将传统营销模式转向全面的新媒体营销模式，打造营销矩阵。

任务 2.3 新媒体营销的发展趋势

与处在企业观望阶段的新媒体初期的发展不同，新媒体营销对新一代用户群体的影响力不断上升。据《艾媒报告——2019—2020 年中国移动社交行业年度研究报告》中的数据显示，2019 上半年中国手机网民规模达 8.47 亿人，占网民整体规模的 99.1%。同时，短视频和在线直播用户也呈现了较快增长势头，为新媒体营销提供了较好的流量基础。

新媒体营销在经过几年的飞速发展，简单的内容制作已经无法满足用户的需求。新媒体营销趋势将出现以下四个方面的变更。

1. 打造主流营销模式

新媒体相较于传统媒体而言，具有双向传播的特点，用户与企业黏性更强、互动性更高，能够及时获得效果反馈。新媒体平台想要达到预期的营销效果，需要建立品牌与用户之间的情感联系，刺激用户的消费欲望。随着新媒体用户规模不断扩大，消费的中坚力量以中青年群体为主。新媒体平台目前已成为最具有营销价值的阵地，各企业将继续扩大对新媒体平台的投入。

2. 提高用户宽容度

随着新媒体的普及和新媒体案例的增多，用户对新媒体营销的接受度在逐步提高。未来，广告内容是否具有趣味性和吸引力，将成为用户是否能够接收到产品有效信息并产生购买欲的主要因素。另外，在内容创作上是否能够保留产品的真实性、客观性，也将成为新媒体营销的另一关键点。

3. 5G 助力视频平台

5G 时代的到来，给直播平台和短视频平台带来了新的契机。在新媒体营销方面，视频具有病毒式传播速度；难以复制的原创优势；入驻门槛低成本低；数据效果可视化；指向明确，用户精准；即时性、交互性强的特点。这些特点与企业营销的目的相吻合，因此受到企业、品牌的青睐。

4. 加强净化行业环境

数据、流量是评估营销转化变现的关键。但现阶段，数据作假、买粉、求赞、刷好评等方式使得衡量营销价值的结果出现偏差。大数据分析已经能成功识别部分造假数据，有关部门可制定相关条例，透明公开新媒体营销数据将更利于打造良好健康的市场环境。

任务 2.4 新媒体运营人才应具备的技能

新媒体的出现，让不少企业看到了商机，为传媒爱好者提供了就业机会，对于新媒体运营者来说，如果想要真正做好新媒体运营需要具备以下三个方面的素质。

1. 敏锐的信息捕捉能力

敏锐的信息捕捉能力是新媒体运营人才必备的能力之一。新媒体运营者需要对新事物保持广泛关注，能够分析网络热点，把握话题的走向，了解流行趋势；熟悉海量的新媒体平台，研究目标用户的群体心理特征。杜蕾斯品牌的官方微博就是对热点话题充分利用的最好示范，在把握网络舆论的方向后，做出预判，抢占先机，尝试主动的引导话题。但是用户也不能盲目追求热点，需要具备自己的价值观。

2. 优秀的文字功底

新媒体运营对文案的要求较高。在传统媒体中，传媒人一般充当记者、编辑的角色；在新媒体时代，要求新媒体运营人员能够下笔成文。懂得多不代表能够用文字表达清晰，每一个新媒体运营人员需要持续性加强文笔功底训练。

3. 综合的整合能力

对一名新媒体工作人员而言，整合资料非常重要。整合能力要求从业者把一些零散的信息组合衔接在一起，最终形成有价值的内容。网络信息非常广泛繁杂，可以将所需要的内容搜集到创作者的写作素材库中，以备将来使用。涉及版权问题的图片、文案、视频应予以标明或购买。

任务 2.5 新媒体平台与新媒体运营工具的使用与操作

使用和操作新媒体平台是新媒体运营的基础，要求从业者必须熟悉这些平台的后台操作设置和使用功能，如微信公众号、微博、今日头条、企鹅号、大鱼号、小红书、知乎、豆瓣、抖音、快手等新媒体平台的操作。

新媒体运营工作讲求高效，但部分新媒体平台会有功能限制，需要其他平台进行辅助运营。因此，从业者还需要学会利用辅助软件和工具进行制作。例如，制作微官网需要利用 Coolsite360 模块建站工具、Adobe Muse CC 等，制作微表单需要利用问卷星、水滴、麦客等，搭建微商城需要利用有赞、微分销，制作 H5 或游戏时需要利用易企秀、Epub360、兔展、易速推等，制作短视频需要利用剪映、蜜蜂剪辑等。现阶段辅助工具的多样化，使从业者的选择更为丰富。

子任务 2.5.1 内容运营

内容运营是新媒体运营的基础能力。一般来说，内容运营是指新媒体运营人员，将企业、品牌、用户本身产生的高质量内容转化为文字、图片或视频等形式，通过编辑、筛选、整合、优化等方式进行加工，在视觉上、听觉上刺激用户进行参与、分享并传播的过程。在“内容为王”的时代，做出让人有记忆的“爆款”，通过内容去提升关键绩效指标（key performace indicaters，KPI），已经成为考核新媒体运营人员的重要指标。

1. 文案设计

一个新媒体运营者一定是一个合格的文案工作者，不要求其文才卓著，但必须具备一定的文字功底和写作能力。相较于文案写作，新媒体运营人员先要了解企业、品牌、产品等信息，能够抓住它们的特点、卖点，确定产品的使用环境等。其次，分析并确定目标用户，针对目标用户群体的需求去制作个性化文案，通过高质量的内容来刺激用户消费。最后，站在用户的角度输出内容的同时，注意创新，以提高用户的关注度，提升用户的认同感，从而实现用户的转化和变现。

2. 视觉设计

新媒体运营者需要精通美图秀秀、Magic Mockups、Photoshop、CDR、GIF 制作工具等图片制作工具，并且要具有一定的设计审美能力，能够独立进行图文排版、封面配图等工作。

3. 影音制作

现阶段，随着视频平台的兴起，视频内容已经成为很多新媒体人内容创作的重要组成部分。新媒体运营工作对新媒体人才提出了更高的要求，“全能型”新媒体运营人员成了传媒公司竞相追逐的目标。新媒体运营人员须熟练掌握视频合成制作软件、剪辑软件、后期软件，如剪映、爱剪辑、会声会影、Adobe Premiere、Adobe After Effect 等，熟悉视频制作、视频编辑和格式转换流程，并能够独立完成视频的后期制作。这些都会成为从业者应聘新媒体工作的加分项。

子任务 2.5.2 用户运营

用户运营是指通过运营手段提升用户的贡献量、活跃度和忠诚度，只有是用户消费的内容，内容才存在价值。在用户运营这一模块，主要有四个方面。

（1）拉新：为新媒体平台引入新用户。进行平台推广、品牌曝光、提高新媒体平台的下载量和注册量，这种行为称为“拉新”。根据自身企业特点、商品特性对目标群体进行针对性地推广和传播，如使用 Push、弹窗推广、活动触发、活动推送、焦点图推广、应用内推荐等推广方法获取新用户。

（2）留存：用户留存率是新媒体运营检验的重要性指标，一般会考察新媒体平台的日留存、周留存、月留存，甚至半年留存、年留存的数据。首先，做好新用户的引导，好的用户引导能吸引用户留下来并继续体验产品。第二，打造平台主流功能，要把应用做得简单，使用户能够快速上手。第三，关注用户反馈，采集用户信息，获取用户需求，“点对点”地解决用户遇到的问题，提高用户参与感，让用户有受到关注的感觉。第四，运营需要精细化，针对用户的兴趣爱好进行有针对性的产品推荐。第五，使用多种运营手段唤醒沉睡的用户，新用户的流失量较高，但流失不代表着要抛弃对于他们的运营，可以通过短信、Email 营销、Push（推送）、公众号等渠道，用有吸引力的活动、比较符合用户兴趣爱好的内容去唤醒这些沉睡的用户。

（3）促活：当用户下载或关注一些平台后，新媒体运营人员需要维持用户活跃度，根据重要节假日、热点策划线上或线下活动活跃用户，也可以通过签到、登录后获取积分、领取优惠券等日常性的活动增加用户活跃度。还可以从物质鼓励、精神鼓励、功能鼓励三方面去制订激发用户活跃度的体制。

（4）转化：新媒体运营最终为了帮助企业对用户进行转化实现营收，完成 KPI，也就是销售额。实现用户转化、变现的方法有很多，常见的包括：对各种运营位进行广告收费；提供会员制、拼团等增值功能服务；建立积分商城；关注用户行为及时调整策略。例如，当用户将某商品放入购物车后，始终没有进行付费，那么可以通过发放优惠券、减免等促销活动引导用户进行消费。

子任务 2.5.3 活动运营

活动运营是指新媒体运营人员围绕活动的目的，通过活动节点、活动预热、渠道推广等一系列要素来推进活动项目，对现场进行管理，并将活动最终落地，完成活动效果，提升运营指标。活动就是短期内能够达到运营目的的重要方法。例如，新媒体运营人员想完成拉新的任务指标，就可以实行新用户注册专享奖励机制，为用户提供专享价格的商品、专享的优惠券，以及一些专享的权利体验、抽奖福利等；如果想要完成销售任务的 KPI 时，就可以策划并执行一场优惠活动。活动运营流程如图 2-4 所示。

图 2-4 活动运营流程

（1）协调活动需求：了解用户意愿、需求、企业背景、产品资料、时间等信息；沟通协调，统一目的。

（2）评估活动预算：预算费用、资源量级，预测 KPI、成交兑额（gross merchandise volume，GMV）、转化率、渗透率等，评估整场活动投资回报率（return on investment，ROI）合理性。

（3）策划活动方案：撰写方案初稿，明确活动形式、活动主题、内容、产品、促销、优惠等信息。通过 2~3 轮的沟通协调，向领导审批报备，整合优化形成方案终稿。

（4）执行活动现场：执行核心点在于能否完全还原方案内容，并推动到线上或线下应用场景中。

（5）优化调整细节：新媒体运营活动最重要的特性就是即时性和互动性，要在活动时间内不断查看分析数据，查看促销产品信息，不断调整优化细节，实现资源最大化。

（6）活动复盘：正常活动结束后，需要进行目标复盘、ROI 复盘、过程指标复盘。沉淀活动经验，挖掘失误点和机会点，总结并应用到下一次活动中。

子任务 2.5.4 数据分析

数据的价值在于通过数据分析可以有效地指导新媒体运营行为。企业坚持分析新媒体数据，可以更好地了解运营的质量、预测运营的方向、控制运营的成本以及评估营销方案的优劣。数据分析不仅对运营战略有指引作用，还对认识用户需求有很大的帮助。例如，内容的点击量，用户的阅读人数、时间、进度、速度，内容的评论量、在线观看人数、收藏数量、点赞人数等。从业者可以利用数据来推送用户偏好的文章、视频、广告等内容。

数据分析包含四步：第一，收集数据，例如，流量运营的数据、用户运营的数据、活动运营的数据、内容运营的数据等；第二，分析数据，归纳总结数据，并预测运营方向；第三，通过结论调整运营方向，控制运营成本；第四，对调整后的营销方案进行评估，常用的参考数据有目标达成率、最终销售额、过程异常数据以及失误率等。

当然，新媒体数据分析靠的并不是单一对数据的整理和分析，还要新媒体运营者对数据进行精心的提炼和总结，通过提出问题、分析问题、解决问题的方式判断用户的行为和需求。

任务 2.6　新媒体运营的注意事项

新媒体运营过程中，运营人员会将心血全部注入所创建的账号中，包括思维方式、理念等，所以一个优秀的账号在内容建设、用户维护和传播方式上都可以体现其独有的风格。无论是新媒体工作者，还是公司的管理者，都应严格把控内容质量，避免封号带来的惨重损失。因此，新媒体从业者还需要熟知新媒体运营的注意事项。

子任务 2.6.1　相关法律法规解说

2017 年 5 月 2 日，国家互联网信息办公室发布了新的《互联网新闻信息服务管理规定》（以下简称《规定》）。同年 5 月 22 日，国家互联网信息办公室公布了《互联网新闻信息服务许可管理实施细则》（以下简称《细则》），并于 2017 年 6 月 1 日同步开始施行。同年 6 月 7 日，北京信访办依法约谈微博、腾讯、今日头条、百度、优酷、网易等网站，要求依照新条例关闭违反管理规定的网页和部分违规账号。随后各大平台依法关停了大批违反法律法规的账号。

在《规定》与《细则》中有些条例，新媒体运营工作者需要特别注意，如图 2-5 至图 2-7 所示。

1.《规定》第一章（总则）第二条

在中华人民共和国境内提供互联网新闻信息服务，适用本规定。
本规定所称新闻信息，包括有关政治、经济、军事、外交等社会公共事务的报道、评论，以及有关社会突发事件的报道、评论。

图 2-5 《规定》第一章（总则）第二条

解析：互联网新闻信息服务的快速发展，丰富了人民群众的业余生活，但非法网络公关、虚假新闻等行为的出现，严重侵害了用户的合法权益，在这条规定中，可以理解为在没有相关资质的情况下不要涉及“新闻信息”，新媒体运营的工作人员须谨慎发布政治、经济、军事、外交等社会公共事务的报道、评论。

2.《规定》第二章（许可）第五条

通过互联网站、应用程序、论坛、博客、微博客、公众账号、即时通信工具、网络直播等形式向社会公众提供互联网新闻信息服务，应当取得互联网新闻信息服务许可，禁止未经许可或超越许可范围开展互联网新闻信息服务活动。

前款所称互联网新闻信息服务，包括互联网新闻信息采编发布服务、转载服务、传播平台服务。

图 2-6 《规定》第二章（许可）第五条

解析：明确了新媒体运营人员需在“国家规定范围内的单位发布的信息”“不得歪曲、篡改标题原意和新闻信息内容”，同时按照规定也不能转载和传播“有关政治、经济、军事、外交等社会公共事务的报道、评论，以及有关社会突发事件的报道、评论”。这无疑对新闻信息不当导向亮明了法规红线。

3.《规定》第三章（运行）第十六条

互联网新闻信息服务提供者和用户不得制作、复制、发布、传播法律、行政法规禁止的信息内容。

互联网新闻信息服务提供者提供服务过程中发现含有违反本规定第三条或前款规定内容的，应当依法立即停止传输该信息、采取消除等处置措施，保存有关记录，并向有关主管部门报告。

图 2-7 《规定》第三章（运行）第十六条

解析：新媒体运营人员需在转载传播内容时核对信息的真实性和合法性，即使并非内容原作者，当转载或传播的信息内容触及法律法规时，传播者也需要一同承担法律责任。

子任务 2.6.2 广告法解读

2015 年 4 月 24 日，第十二届全国人民代表大会常务委员会第十四次会议修订了《中华人民共和国广告法》（以下简称为《广告法》），并于 2015 年 9 月 1 日起实施，2018 年 10 月 26 日进行了第一次修正，2021 年 4 月进行了第二次修订。

在《广告法》中需要注意的法规如图 2-8 和图 2-9 所示。

《广告法》第一章（总则）第二条

在中华人民共和国境内，商品经营者或者服务提供者通过一定媒介和形式直接或者间接地介绍自己所推销的商品或者服务的商业广告活动，适用本法。

本法所称广告主，是指为推销商品或者服务，自行或者委托他人设计、制作、发布广告的自然人、法人或者其他组织。

本法所称广告经营者，是指接受委托提供广告设计、制作、代理服务的自然人、法人或者其他组织。

本法所称广告发布者，是指为广告主或者广告主委托的广告经营者发布广告的自然人、法人或者其他组织。

本法所称广告代言人，是指广告主以外的，在广告中以自己的名义或者形象对商品、服务作推荐、证明的自然人、法人或者其他组织。

图 2-8 《广告法》第一章（总则）第二条

《广告法》第二章（广告内容准则）第九条规定：
广告不得有下列情形：
（一）使用或者变相使用中华人民共和国的国旗、国歌、国徽，军旗、军歌、军徽。
（二）使用或者变相使用国家机关、国家机关工作人员的名义或者形象。
（三）使用“国家级”“最高级”“最佳”等用语。
（四）损害国家的尊严或者利益，泄露国家秘密。
（五）妨碍社会安定，损害社会公共利益。
（六）危害人身、财产安全，泄露个人隐私。
（七）妨碍社会公共秩序或者违背社会良好风尚。
（八）含有淫秽、色情、赌博、迷信、恐怖、暴力的内容。
（九）含有民族、种族、宗教、性别歧视的内容。
（十）妨碍环境、自然资源或者文化遗产保护。
（十一）法律、行政法规规定禁止的其他情形。

图 2-9 《广告法》第二章（广告内容准则）第九条

解析：在宣传介绍企业、品牌、产品之前就需了解清楚是否违反了广告法的相关条例，尤其是广告文案、产品软文、电商网站文案等。各大平台积极落实新广告法的有关规定，以维护国内移动互联网行业的公平竞争环境。

下面对《广告法》做重点解读。

（1）广告代言人在广告中对商品、服务做推荐、证明，应当依据事实，符合本法和有关法律、行政法规规定，并不得为其未使用过的商品或者未接受过的服务做推荐、证明。

（2）以下行业不得代言，例如，医药、药品、医疗器械、保健食品、农药、兽药、饲料和饲料添加剂、教育和培训、招商、农作物种子、林木种子、草种子、种畜禽、水产苗种和种植养殖等。

（3）不得利用未满十周岁的未成年人做代言人。

（4）代言人将承担相应的连带责任。情节较轻的，没收代言收入，并处 3~5 倍代言收入的罚款，无法计算金额或金额明显偏低的处 20~100 万罚款；情节严重的，没收代言收入，并处 5~10 倍代言收入的罚款，无法计算金额或金额明显偏低的处 100~200 万元罚款，并暂停广告发布业务、吊销营业执照、吊销广告发布登记证。广告主、广告经营者、广告发布者明知或应知广告虚假仍设计、制作、代理、发布的，构成犯罪的，依旧追究刑事责任。

（5）工商行政管理部门对在履行广告监测职责中发现的违法广告行为或者对经投诉、举报的违法广告行为，不依法予以查处的，对有责任的主管人员和直接责任人员，依法给予处分。

（6）极限用语的罚款二十万元起。以下这些词不可再出现在营销文案中：国家级、世界级、最高级、最佳、最大、第一、唯一、首个、最好、最大、精确、顶级、最高、最低、最具、最新技术、最先进科学、国家级产品、最便宜、最新、最先进、最大程度、最填补国内空白、绝对、独家、首家、最新、第一品牌、金牌、优秀、最先、顶级、独家、全网销量第一、全球首发、全国首发、世界领先、顶级工艺、最新科学、最新技术、最先进加工工艺、最时尚、极品、终极、顶尖、最受欢迎、王牌、冠军、第一（NO.1\Top1）、极致、永久、王牌、掌门人、领袖品牌、独一无二、绝无仅有、前无古人、史无前例、万能等。

（7）广告中禁止含有使用军旗、军歌、军徽，危害人身、财产安全，泄露个人隐私，色情、赌博等内容。

（8）禁止在大众传播媒介发布母乳代用品广告。

（9）禁止在大众传播媒介或者公共场所、公共交通工具、户外发布烟草广告。

（10）禁止利用不满十周岁的未成年人作为广告代言人。

（11）禁止在中小学校、幼儿园内开展广告活动，在中小学生和幼儿的教材、教辅材料、练习册、文具、教具、校服、校车等发布或者变相发布广告，公益广告除外。

（12）任何单位或者个人未经当事人同意或者请求，禁止向其住宅、交通工具等发送广告，禁止以电子信息方式向其发送广告。

（13）禁止医疗、药品、医疗器械、保健食品广告利用广告代言人作推荐、证明。

（14）除医疗、药品、医疗器械广告外，禁止其他任何广告涉及疾病治疗功能，并不得使用医疗用语或者易使推销的商品与药品、医疗器械相混淆的用语。

（15）禁止教育、培训广告对升学、通过考试等作出明示或者暗示的保证性承诺，明示或者暗示有相关考试机构或者其工作人员、考试命题人员参与教育、培训，利用科研单位、学术机构、教育机构、行业协会、专业人士、受益者的名义或者形象作推荐、证明。

（16）禁止招商等有投资回报预期的商品或者服务广告含有对未来效果、收益或者与其相关的情况作出保证性承诺，明示或者暗示保本、无风险或者保收益等。

（17）禁止在面向未成年人的大众传播媒介上发布医疗、药品、保健食品、医疗器械、化妆品、酒类、美容等广告，以及不利于未成年人身心健康的网络游戏广告。

（18）在面向不满十四周岁的未成年人的商品或者服务的广告中，禁止含有劝诱其要求家长购买广告商品或者服务或可能引发其模仿不安全行为的内容。

（19）公共场所的管理者或者电信业务经营者、互联网信息服务提供者，对其明知或者应知的利用其场所或者信息传输、发布平台发送、发布违法广告的，应当予以制止。

项目 3

新媒体活动运营实操攻略

| 项目目标 |

（1）了解新媒体活动运营的策划流程。
（2）熟悉新媒体活动运营的实战技巧。

| 项目结构 |

任务 3.1　新媒体活动运营的策划流程
任务 3.2　新媒体活动运营的实战技巧

项目导入

新媒体活动运营是指针对不同内容、不同性质的新媒体活动进行运营，包括新媒体活动策划、新媒体活动执行以及相关平台的打造。一个新媒体活动运营团队除了提前做好目标规划，还需要按质按量完成每一次活动，同时具备与他人的沟通能力和合作能力，以提升用户参与度及品牌宣传的活动效果。

任务 3.1 新媒体活动运营的策划流程

新媒体活动运营贯穿整个新媒体运营过程，一场成功的新媒体运营活动可以帮助该品牌吸引新客户、留住老客户、塑造良好的品牌形象。它一般分为活动策划、活动执行以及活动总结三个阶段。

子任务 3.1.1 活动前期：做好准备工作

做好新媒体活动策划，不仅需要从业者动用大量的人力、物力，同时还需要做好活动的前期准备工作。妥善安排统筹计划、活动节奏和流程才能保证一场新媒体运营活动顺利举行和开展。那么新媒体运营活动策划前期需要做哪些准备工作呢？

1. 活动主题

在策划活动的时候，先要根据品牌、产品或平台本身的实际情况（包括活动的时间、预期投入的费用等）和市场分析的情况（包括竞争对手当前的活动行为分析、目标用户群体分析、网络热点分析、网民心理分析、产品特点分析等）做出准确的判断分析，扬长避短提取当前最重要的、最有意义的主题，即当前最值得推广的一个主题。决定活动主题的四个维度包括人群 / 行业、服务 / 卖点、热点 / 名人、痛点 / 共鸣。其中，人群 / 行业指的是品牌、产品或平台的目标受众（老人、小孩、女士、男士、学生等）和所属行业（教育、医疗、娱乐、健身运动等）；服务 / 卖点指的是受众所需，从业者能够为用户提供何种服务，内容最大的特色亮点有哪些；热点 / 名人指的是引入网络热点或名人话题、与竞品爆款做比较；痛点 / 共鸣指的是洞察受众的痛点，帮忙去解决受众的问题。以上四个维度都可以作为活动策划选题的方向。

2. 目标人群

选定主题之后，从业者应该瞄准目标受众，无论是怎样受欢迎的活动，都无法得到所有受众的认可和喜爱。所谓青年人的抖音，中年人的快手。抖音比较文艺，目标受众是青年人。比起抖音俊男、美女、超模、彩妆、奢侈品，快手相对更受中老年人群的喜爱，尤其是其中的教学做饭类、销售类、秀技类、教育类等。所有在抖音平台的线上活动可能目标群体偏向于年轻群体，而快手则偏向于中老年群体。因此，运营活动应该瞄准特定的客户群，然后再选定合适的运营策略。

3. 活动目的

在新媒体活动策划前期准备中，一定要制定具体、完整的活动目的，方便活动结束之后评估此次活动是否达到预期效果。一般情况下，一场新媒体活动最好只有一个活动目的，通常以增加用户参与度、增强活动知名度、提升品牌影响力等作为一场活动的主要目的。

子任务 3.1.2 策划阶段：注重运营细节

1. 策划内容及创意点

优秀的活动创意策划是评定一场新媒体活动运营成败的关键，在活动策划过程中，人们应该从以下几点进行内容和创意点的策划。

（1）策划以活动目的为出发点。例如，某平台想通过一场网络活动来调查用户对该平台的体验满意度、建议和意见，为了吸引更多的用户进行讨论和投票，组织了线上抽奖活动，虽然用户参与度高，但很多参与者只为领取活动奖品，未能与该平台积极互动、提出有效的意见和建议。最后结果是该活动未能达到预期活动目的。

（2）抓住网络热点话题。实时关注各类新媒体平台的热点话题，结合活动本身进行策划。但是鉴于热点话题更新速度快，因此常常需要加快活动进程。

（3）增加活动的趣味性。增加活动的趣味性才能有效地吸引用户参与其中，奖品的设置和活动的趣味性是吸引用户参与的关键。

（4）引发参与者的情感共鸣。连接人与人之间重要的纽带就是“情”，包括爱情、亲情、友情、师生情等。所以活动一定要以情感出发，去感染参与者。例如，某月饼运营商在七夕情人节推出晒自己与爱人合照的活动，以“但愿人长久，千里共婵娟”为主题，用户参与规模较往年活动提升了10倍，提前预热中秋节月饼销量市场。该活动以“情”感染消费者，从而达到提升产品知名度及销量的目的。

2. 推广渠道及宣传方式

新媒体活动推广渠道主要分为自媒体平台、社交平台和短视频平台三大类，其中，自媒体平台成了新媒体的主力军，目前主流的自媒体平台有今日头条、企鹅号、一点资讯、百家号等。社交平台主要有微信平台、微博平台及知乎、百度、360 等问答平台。短视频平台主要以抖音、快手、美拍、秒拍为主。在策划阶段，可以根据各个平台的优势和活动目的进行宣传推广，达到最大的宣传效果。

3. 运营周期及宣传节点

一般活动分为年度活动、每月活动和热点活动三种。

年度活动：该主题必须与企业全年的新媒体活动主线与整体调性一致。这些新媒体活动看起来是由一个个零散的活动组成的，但好的新媒体活动一定是围绕活动主线展开的，特别是细节执行中的海报、文案、视频等，其风格需要围绕整体调性来设计。设计企业年度活动主题需要了解企业的整体目标，包括产品目标、品牌目标、销售目标等。

每月活动：即某月在线上发布新品、进行降价促销、推出会员月等。运营者需要参考新媒体运营规划，设计每个月的活动主题、活动形式、活动玩法。

热点活动：围绕热点撰写的文章，策划的活动，其曝光效果很可能达到日常效果的数倍甚至数百倍。因此，运营者必须准确把握互联网热点。对于互联网热点，新媒体运营者需要先预测、后评估。互联网热点主要分为突发热点和常规热点两类。突发热点一般没有征兆，运营者只能随机应变，如明星事件、社会事件等。而常规热点具有周期性，运营者可以提前预测，如平台自造节日：天猫双 11、京东 6.18；传统节日：春节、元宵节、中秋节；西方节日：万圣节、圣诞节等。全年的热点五花八门，而未必所有的热点都适合某一企业。因此，运营者需要评估热点与企业的相关性，选择最贴切的热点，策划相关活动。

通常情况下，电商类产品的活动时间周期会在 10~15 天，久一点的类似“双 11”这样会到 30 天，在这个时间段中每天都会上线 1 或 2 个新的活动页面，最终做到某一天线上同时存在 7 或 8 个活动页面，来针对性地提升不同的数据指标。工具类产品的用于提升产品留存率的活动可能会是一个季度长期挂在产品页面里；对于社区类产品活动的周期，如果只是话题，则周期为 1~3 天，如果是内容整合传播的活动，会在 15 天左右，每天推送不同的内容专题。对于长时间的活动，建议每 3 天更换一次推广资源位上的图片，用不同的活动卖点来吸引不同需求的群体。

子任务 3.1.3 执行阶段：确保活动实施

在活动执行阶段，运营者应该维持活动的正常进行，准备好活动物料，进行人员分配和管理，实时监督活动的舆论导向，挖掘活动的热点话题，以达到活动的预期效果。

1. 预估活动效果

策划目的是为了预估活动效果，活动最基本目的是为了“拉新促活”，推动付费转化率的增长。一般包括以下几点（具体视不同运营活动而定）。

（1）预估活动能够带来多少流量：其中包括推广指标、人员指标和服务指标三种。

① 推广指标：用户增长数、粉丝关注度、各入口点击数、各页面停留时长等。

② 人员指标：活动参与人数、社群新增用户数、关键意见领袖（key opinion leader，KOL）新增人数等。

③ 服务指标：即时服务评价、本次活动评价、App 评分等。

（2）预估活动流量的转化率：商城页面浏览量、商品新增成交量、站内虚拟服务新增成交量等。

对于预估活动效果的两点建议：

① 不能只是预估，要有数据分析，用数据支撑策划者的设想。纸上谈兵只会让运营者信服力不够。

② 做预估不可过高或者过低，过低没有说服力，过高则完成困难。

2. 监管活动流程

在活动开展过程中，一定要将网友的言论约束在法律允许的范围内，要及时监管整个活动的流程，对活动中违法的行为或言论进行及时制止。一些热点有争议的话题本身未超过法律许可范围，同时收到用户的积极讨论，运营者可以对它进行适度加工和传播，吸引用户的参与，增强活动宣传力度。

3. 挖掘热点数据

针对活动中的热点进行深入挖掘和发酵，将热点同产品、品牌相结合，达到提升品牌知名度、促进销售等目的。在运营活动过程中，创作者需要实时跟踪以及衡量数据的表现情况，根据数据调整内容以及创意。活动中如果有符合当下热点的话题，运营者应采取有效的措施提高该热点内容的曝光度和热度。活动结束后，数据分析也是必不可少的一个步骤。通过数据分析，可以衡量整个活动有没有取得预期目标成果，在活动过程中有哪些需要改进和提升的部分，以及活动成功的因素和操作，这些都有利于对营销活动经验进行总结，并为接下来的营销活动提供参考。

4. 执行活动颁奖

活动颁奖一定要符合活动规则，坚持公平公正的原则，需要充分利用获奖者的领奖过程和获奖宣言，提升此次活动影响力。活动奖品派发可以在活动的进程中分阶段派发，奖品大小可以层层递进，由小到大，最后活动结尾揭幕最终大奖，提高参与者的积极性。

子任务 3.1.4 活动结束：总结实践经验

每一次活动都是宝贵的经验，都应该记录留存，并在下一次活动中进行改进和创新。从业者需要不断进行分析和积累，每一场活动都从头开始做起。活动结束后，及时总结该活动是否达到预期效果，是否有不足之处可以改进，在活动中是否遇见新的问题。通过这些总结思考，避免重复失误，有利于为下次活动提供宝贵的经验。可以通过以下几方面进行活动总结。

（1）目标达成情况：预期活动目标是否达成，是否得到管理者的认可，活动效果是否达到预期要求，这都需要组织者通过活动中的相关数据分析得到。通过数据来分析活动效果，如目标是传播，就要看传播量是多少，品牌曝光是否成功，微指数上升程度，百度指数上升程度；如果目标是带动 App 下载，就要看带来多少有效的下载。

（2）不足及优点：分析活动细节的优劣、环节是否有不足、活动成功的原因、活动失败的原因等。通过对这些问题的分析和总结，找到本次活动的优缺点，是活动策划的一个重要环节。

任务 3.2 新媒体活动运营的实战技巧

子任务 3.2.1 活动运营的背景撰写技巧

活动运营的背景就是告诉受众“为什么要做活动”，这是作为活动策划最为底层的决策出发点，是对市场观察和预判做出的结论，也是对产品数据和目标人群喜好洞察的趋势利用，字数限制在 100~200 即可。优秀的策划者，通常喜欢在开头写上类似这样一句话来作为活动的背景，如图 3-1 所示。

> “今年 5 月 31 日和 6 月 1 日，恰逢第 28 个世界无烟日以及北京最严控烟令的实施。在此前后，有关控烟、戒烟相关的话题必定将引起社会、舆论的广泛关注。为了更好地推广和传播贴吧品牌主张“上贴吧找组织”，我们计划借势将贴吧内戒烟群体的组织——“戒烟吧”传播出去，让更多人知晓、了解戒烟吧，让更多目标受众进入戒烟吧，同时通过公益互助类型贴吧的包装提升贴吧整体品牌形象。”

图 3–1　活动运营的背景案例 1

这样的开头可能会显得过于官方和套路，但是一份完整的策划书就是为了对该活动做更详细的策划，以更有力地说服领导和甲方。除此以外，策划书的背景描述是关键，总体来说，活动策划人员可以从以下 5 个角度找到“为什么要做活动”的原因。

1. 产品数据

通过产品来写活动背景比较常见，是获得利润的主要来源之一，一场成功的新媒体运营活动能够有效提升产品的销售额。活动可以影响的产品数据有很多，包含下载量、日活、月活、留存率等，如果运营的是电商类产品还可以有销售额、订单量、转化率、客单价、复购率等，要是运营的是社区类产品则有发帖量、互动量、点赞量、转发量等。当发现以上产品数据出现明显下降时或者想重点提升产品的某个数据指标时，通常就会考虑新媒体策划活动（活动背景就来源于此）。

这里需要注意的是，产品各项数据之间环环相扣，在确定活动策划中提升的重点数据的同时也需思考如何通过活动优化与之相关的数据，如交易额数据的提升，离不开流量、客单价、复购率、转化率的数据提升，如图 3-2 所示。

“从5月以来产品的新用户留存率下降了近5%，运营部门希望采用活动策略来给新用户、低频用户搭建一个高效的了解、探索产品的场景，提高新用户的留存以及促进低频用户的活跃。”

图 3-2　活动运营的背景案例 2

2. 行业热点

新媒体运营需掌握的另一个技能就是从热点中借势开展活动，通过热点话题引入，能够吸引大量客户和流量，从而提升活动的影响力。如果运营一个抖音号，平时的评论点赞量不到 100，带上热点关键词，正常情况下评论点赞量可以翻倍，并且不包括再次转发和传播的评论点赞，这就是借势热点话题运营抖音号的价值所在。同样，借势热点做活动策划也有非常显著的数据提升效果，如图 3-3 所示。

“送你 20 元优惠券”

“情人节想给 ta 买礼物，送你 20 元优惠券”

图 3-3　活动运营的背景案例 3

同样是送优惠券，后者的领券率肯定会更高，究其原因在于热点能够拉近活动与用户的距离，让用户感知到这件事与自身相关。

另外，热点可以分成可预测和不可预测两大类。可预测：如元旦节、春节、情人节、七夕节、双 11、圣诞节等。不可预测：如林志玲结婚、电影《哪吒》火爆影院等。前者可以提前做好相关的策划案，后者需要运营者对热点进行快速有效的反应。

3. 竞品动态

竞品指产品在同领域的竞争对手。通常来说，两者之间是相爱相杀的关系，QQ 音乐和网易云音乐互为“竞品”，高德地图和百度地图也互为“竞品”。通过对竞品的分析，运营者不仅可以了解竞争对手的产品和市场动态，还可以根据相关数据信息判断出对方的战略意图和最新调整方向、市场用户细分群体的需求饱和和空缺市场，包括产品运营策略。最后，制定出产品的有效活动形式。“每个人都想做第一个吃螃蟹的人，但并不是谁都有勇气去做第一”。根据竞品分析做活动决策，比较适合市场跟踪型策略的公司，这符合绝大部分领导的决策习惯——市场上是否有类似的成功案例。例如，百度地图的运营工作人员在年终活动策划时，撰写的活动背景是这样的，如图 3-4 所示。

> “每当新年临近，友商们总是习惯过去一年进行各种盘点，年终奖、点赞数、账单等等晒满朋友圈。作为坐拥亿级用户量的地图类产品，面对一波又一波的盘点热潮，我们希望做一份不一样的年终盘点。结合百度地图精准的路程测试，邀请网友对过去一年的上班路程进行测试，晒一晒自己的“辛苦指数”，加强用户与产品之间额的情感链接。”（做到了有热点也有竞品研究）

图 3-4　活动运营的背景案例 4

具体活动环节需要构思清晰，竞品的活动是否适合本公司或企业的产品，如何结合自身产品和竞品的活动来打造一场不一样的活动，这些都是需要运营者好好思考的问题。

4. 目标群体

确定目标群体是做新媒体营销活动一个重要的因素，如果目标群体没有明确，对整个营销策划活动造成的打击将是毁灭性的，目标人群在新媒体文撰写中占有重要的地位。抖音的目标人群主要是青年人，火山、快手主要是中老年人，因此大家在抖音的相关活动中经常看见年轻人喜欢看的健身、美妆等相关推广，而快手、火山短视频则主要是以家庭烹饪、育儿经验等中老年人喜欢的内容。

例如，在校大学生每年在百度百科上贡献上百万个词条，百科的活动策划可以专门以这一类人群做一个回馈活动背景。营销活动的第一步就是要确定目标群体，如果目标群体确定错误，那么对整个营销策划活动造成的打击将是毁灭性的。

5. 领导想法

领导在年会上指出今年工作的核心方向是提升产品日活、在 Q3 全体员工内部邮件中提到所有运营工作都会以营收数据作为考核……把高层的观点作为活动背景的出发依据是不错的选择，这样策划者的活动策划案被通过的可能性就会提高。因为领导的观点至少是一种趋势的预判以及资源投入的重点方向。

子任务 3.2.2 活动运营细则的 5 个要素

对于很多新媒体运营人员来说，创意是正常活动的关键、核心。运营人员在写活动方案的时候可能会更加地注意活动的创意点，以为有了好的创意就不用担心执行了。但是事实并非如此，没有详细的活动运营细则，就很难协调活动工作人员的分工和参与者的管理，所以，活动运营细则要明确活动的完整信息、详细规则、风险提示、活动流程、活动未尽事宜仍受约束等，以保证活动的顺利开展。

1. 完整信息

活动细则一般是活动专题页面的一个补充，优秀的活动专题页面为了表现力与设计感，往往能够承载的文字内容是有限的。所以，活动细则需要将活动的基本信息、活动时间、目标对象、活动内容、参与条件等进行一次完整的复述。

2. 详细规则

活动规则，必须清晰明了，没有漏洞，它是一场活动的根本，包括活动发放福利的规则、抢红包的规则、参与的规则等。一场专门为会员策划的线上活动，在方案中，运营者应该清楚告诉参与者如何注册会员、参与活动。如果规则不详细，可能有非会员进入，影响活动正常进行。

3. 风险提示

活动风险是在这场活动中可能有意料之外的情况发生，做出限定是为了解决纠纷，尽量保证活动细节的完整性。活动风险一般是策划运营人员不希望出现的情况，但一旦出现，活动策划人员需要通过细则提示用户活动方的决定，从而实现活动有效风控。活动风险通常包括以下几种情况：活动平台被黑客攻击，或者有用户进行系统刷单等情况时的对策；活动出现服务器、设备、网络及其他系统 bug 故障等情况时的对策；活动出现其他主办方不可抗力的因素影响活动进展时的对策；一般风险控制最好包括对内和对外两个版本，对内是出现各种风险时的解决方案，包括对外口径，对外则是出现风险时的责任明确与用户须知。

4. 流程・节奏

活动流程引导用户参与活动，要简洁、图文结合，让用户能够快速知道如何参与此次活动。例如，在 H5 活动和微信公众号活动中，从进入 App（公众号）开始到下一步的跳转（弹窗），以及 App 内登录时候的状态、未登录 / 已登录状态、未付费 / 已付费用户下如何呈现都需要仔细思考，每一条路径和具体流程，让每一个参与活动的粉丝都明白活动的下一步去向。

除此之外，还有一个在做线上活动运营必须铭记的要点，那就是节奏感。有节奏感的活动一般都是具有周期性，例如，活动讲求的是预热 + 上线，假如以一个月时间为活动基准，第一周为预热阶段，第二周为上线 + 预告下周活动，第三周继续预热，第四周上线。以这样的活动周期，慢慢才能营造活动的氛围和节奏，使用户知晓该活动的时间点。例如，每周三下午四点有抢券活动，就需要固定时间，日日不变更，以此来培养用户使用习惯和对活动的感知。总结来说，节奏感包括两个方面，一个是横向的节奏感，指的是活动在时间轴线上的间隔；另一个是垂直的节奏感，指的是活动的丰富性。

5. 活动未尽事宜仍受约束

一场活动还有很多需要完善的地方，毕竟一场活动有很多活动细节未关注到的地方，在实施中可能会遇到事前未能预测的情况，因此在活动细则结尾时应该进行标注：活动未尽事宜仍受约束，保留在法律允许范围内的活动最终解释权。最终解释权条款虽然有明文规定不得以“最终解释权”作为霸王条款，侵害消费者的合法权益，在侵害消费者合法权益时该条款属于无效条款。对于本身表述可能存在理解歧义的条款，商家必须拥有解释权。故建议活动细则内是需要保留的。

子任务 3.2.3 运营人员的 7 项技能修炼

1. 用户思维

作为新媒体活动运营人员，职责很明确，帮助客户更好地传播每一场活动，为品牌带来更多的用户与品牌美誉度。而这一切，都离不开一个前提：深刻理解用户思维，包括甲方和活动目标用户。运营者要热爱品牌的产品与服务，认同品牌的价值观，要对品牌的价值了如指掌。通常有三种实现途径：

（1）多与业务部门、一线销售人员交流。了解品牌的市场地位、用户反馈等。

（2）多与用户交流。可以通过品牌新媒体和用户进行实时交流，观察用户对于品牌的产品与服务的评价。

（3）让自身成为品牌的用户。一个不可回避的现实是，优秀的产品并不多，导致多数从业者并不热爱自身公司的产品与服务，这是很现实的问题。但换位思考又必须想办法找到一些兴奋点，只有这样，才能认同自身的工作价值，感同身受地了解用户眼中对该品牌的期待。

2. 文字撰写

在新媒体迅速发展的今天，网络上的媒体充斥着大量的信息，如果活动推广信息不能直接吸引观众或戳中用户的痛点，那么即使策划的活动再有创意、有内容，也很难引导用户参与到活动中来。文案撰写能力是新媒体人的核心技能，新媒体的文案与普通的文案有所不同，新媒体的文案具有明确的目的性，不需要太多华丽的辞藻。例如，运营者要写一篇活动文案，只需要了解这个活动的目的、目标人群是哪一块、如何帮助用户解决问题，只要将这三者表达清楚，就算作一篇合格的新媒体文案了。

3. 数据分析

一个不会做数据分析的运营人员不是一个合格的新媒体人。数据分析是一种思维方式，通过对设定好的目标进行合理的拆解，最终一步步完成目标。数据分析的本质是获得更直观的具体数据，帮助运营者更好地量化工作，提高效率。活动正式开展后，运营人员需要对效果进行实时数据统计，其中包括基础数据（阅读量、点赞数、打开率、留言率、分享率）、用户数据（用户属性、用户画像、用户习惯、用户标签、用户需求）、业务数据（分析转化率、文章阅读转化率、购买转化率、业务流程）等，根据统计数据结果对活动做出相应的调整。可以使用今日头条、微信、微博等新媒体平台提供的专业营销分析工具掌握活动的效果。

4. 交流沟通

运营是个框，单一掌握一方面的技能是远远不够的，新媒体运营人员需要对接各式各样的人群，如领导、客户、活动工作人员等，进行活动进展的沟通。除了让大众认可的活动创意和想法，了解各种推广渠道、积累大量的人脉也是新媒体运营人员必备的技能。

5. 成本预估

活动成本不仅包括整个活动的人力、物力、时间和渠道成本，还包括吸引指标用户参与的成本，成本高了，运营的压力就会很大，也会给品牌带来资金压力，成本低了，用户就不愿意参与，丧失活动的吸引力，活动设计得再漂亮也无意义。所以，作为一名运营人员，要预估活动成本和活动效果在一个可控的范围内。

6. 规则制定

凡是活动都需要有活动规则。例如，发奖方式是让用户直接领取，还是通过短信、微信等方式推送给用户。要懂得好的规则能够让用户迅速明白活动规则，因为几步操作就是用户耐心的极限了。

7. 改进措施

通过活动效果进行实时数据分析，从统计结果中做出相应调整，找出存在的问题，及时制定优化策略，对活动进行调整和完善。例如，提高优惠的力度或数量、优化活动页面、增加投放渠道等。

子任务 3.2.4 如何有效提升用户参与度

1. 有料

有料的方法简单粗暴，但十分有效，对用户开门见山，例如，只要参加比赛就能获得价值王者荣耀 888 金币的皮肤一个；再如，只要用户能拿到前 10 名，就能获得苹果手机一部。直接用物质诱惑来刺激用户，用户参与度会提高很多，其本质上的目的就是让用户免费来抢，有能力抢多少就抢多少！这样的信号发出去，用户会积极参与。

2. 有心

这个方法在 2016 年可能经常在朋友圈发现，那就是发邀请函。上面有用户的名字，非常高端的设计页面邀请函，制作成本其实很低，一张图，改几个字就可以完成。但用户收到后，感觉非常棒，感到本人被平台邀请，受到重视，即使去不了现场也得发个朋友圈展示一下，这就是非常有心的事。例如，用户被腾讯邀请参加会议，即使去不了，也会把这个非常酷炫的邀请函发到朋友圈。还有发图片奖状，认可用户的价值和付出，如年度最受欢迎十大用户、年度内容突出贡献者等。活动与用户之间的沟通和交互就这样自然产生了。

3. 有趣

有趣指的是活动本身要有趣、好玩才能吸引用户的参与，需要运营人员通过新颖的表达手法、网络热点、流行的段子让用户参与到活动中来。对于一些无法引起用户好奇的内容，可以直接让用户产生有趣的心理活动，在短时间内吸引用户。运营者可以从这几方面让用户感觉很有趣：看上去有趣，玩起来有趣。常常抖音表情包的拍摄会引发大家的积极参与，因为抖音短视频拍摄提供了各种各样的搞笑表情包，用户能够根据自身的喜好做出想要的头像以及拍出想要的短视频。通过调动用户使用产品后觉得有趣的心理来提高用户分享的频率以及使用的频率，可以带来巨大的用户量和较好的用户黏性。

项目 4

新媒体文案写作

项目目标

（1）尝试独立完成文案的写作。
（2）了解如何规划新媒体内容栏目。
（3）掌握内容选题和构思的方法技巧。
（4）学会建立素材库并搜集素材。

项目结构

任务 4.1　标准化内容制作流程
任务 4.2　新媒体内容栏目规划
任务 4.3　新媒体文案选题与构思
任务 4.4　选择网页浏览器
任务 4.5　素材库分类

项目导入

新媒体文案写作主要包括产品介绍、公众号文章、自媒体文案、微博、朋友圈文案、人物简介、slogan、广告语、活动通知、软文、新闻等内容的撰写。新媒体文案写作是一项严谨的技术工作，写文案需要情感和灵感，像数学和编程一样，是一项严谨的科学，由科学的方法推出对与错之分，所以要掌握新媒体写作的相关技巧，才能提升新媒体写作的能力。

任务 4.1 标准化内容制作流程

大部分人都经历了从小学、初中的写作锻炼，已经具备基础写作能力，对于新媒体文案写作而言，在写作没有时间、数字及条条框框的限定下，应该如何进行写作是值得关注的。因此，标准化的内容制作流程给了作者写作的基础方向。标准化内容的制作流程如图 4-1 所示。

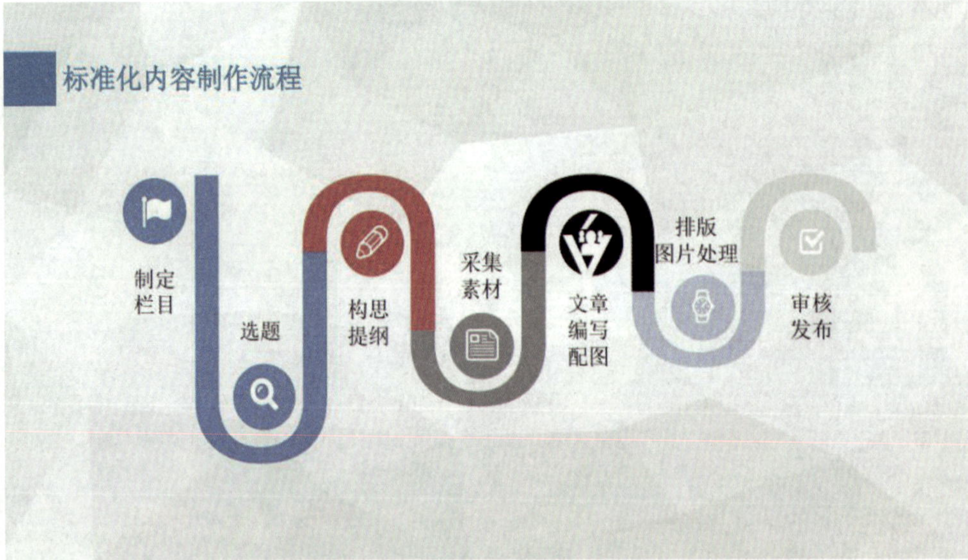

图 4-1 标准化内容的制作流程

（1）制定栏目。制定栏目指的是在规划内容的时候，把主题类似、选题相关的内容归为一类，形成特定风格的内容集合。栏目化内容运作不只做内容，更是一种产品运营、品牌营销方法，会让用户的阅读期待感更强，同时自身平台给用户的内容预期也会更加清晰，固定栏目一旦形成就会叠加内容的力量，打造出更多的属于自身平台的内容符号，起到“四两拨千斤”的效果。制定栏目不是一成不变的，可在一定周期内根据用户的喜好进行调整。

（2）选题。新媒体文案，选题和标题同样重要，好的选题是决定了文章的质量和水平，也决定了阅读量。作为一名新手文案，不仅需要了解目标用户的喜好，还要对行业信息进行熟悉和研究，从而确定选题方向。选题可以理解为文章的主题，想传达给用户怎样的信息和内容。当制定好新媒体栏目之后，可以用一两句文字确定一个选题，例如，周六的内容栏目是春季美妆，选题可以是“跟着李佳琦挑选春季美妆产品”，用以吸引用户关注。

（3）构思提纲。刚刚撰写文章的作者容易出现一个问题，文章给用户的感觉是东拼西凑的，没有清晰的思路，这个时候撰写者可以尝试列出提纲，提前构思文章，搭建文章框架，用简明的文字把大段文字精准表达。例如，“跟着李佳琦挑选春季美妆产品”这个选题，可以围绕主题分为为何要跟着李佳琦挑选春季美妆产品、罗列美妆搭配的技巧、春季美妆搭配的注意事项等几个部分，通过一行文字表达出每个部分要撰写的大致内容，针对各个部分继续拆分下一层级。这样一层一层下去，逻辑就清晰了，每一部分对应各个内容，形成一篇文章的构思提纲。

（4）采集素材。新媒体文章需要定期推送，撰写者需要一个不间断的收集文章素材的过程，能引发思考的所见所闻都可以是素材。撰写者可以从媒体身边发生的故事出发，撰写有情感、有温度、个人化的生活感悟，也可以在网络搜索热点话题或能引起关注的话题进行素材的收集和整理，把这些热点话题结合平台自身的风格进行再创作。

（5）文章编写配图。如何在众多文章中脱颖而出，除了选题还需要在文章的编写中注意用户的体验感。适当地添加图片是一个好的办法，一张好的配图不仅能增加文章的可读性、趣味性和信息量，同时还可以让读者在视觉上从密集的文字中脱离出来稍做休息，吸引读者继续阅读。在配图时应该注意两个事项：一是配图必须与文章内容紧密配合，不要为了配图而配图；二是配图需要尺寸统一、色调统一、画质清晰、无杂质。

（6）排版图片处理。最后撰写者需要将编写好的文章和准备好的配图在不同的发布平台进行排版，每一个平台对字体和图片格式的要求不一样，所以要按照用户的阅读习惯和平台要求的格式进行文排版。

（7）审核发布。在手机中预览文章效果，检查文章是否有错别字、排版等问题，然后发送负责人进行审核，再根据负责人的建议进行修改。一切准备就绪就可以在平台上进行发送了。

任务 4.2　新媒体内容栏目规划

新媒体内容栏目规划可以从两个方面入手：以用户为导向和以产品为导向。提前做好内容规划，便于内容的分配，内容撰写者提前准备好素材，更能提高内容质量。

子任务 4.2.1　以用户为导向规划栏目

规划新媒体内容栏目是为了确定内容的创作方向，以用户为导向规划栏目就是要从用户角度出发规划栏目。确定目标用户后，围绕用户的生活、工作、情感和爱好等方面进行栏目的设定。生活方面包括健身、饮食、美妆搭配、家具装修、潮流时尚等话题；工作方面包括职场、专业技能教程、新媒体营销等话题；情感方面包括情感故事、家庭、亲子、情侣等话题。

子任务 4.2.2　以产品为导向规划栏目

当内容需要专注于某一领域时，可以选择以产品为导向进行规划栏目，例如，内容创作领域是家庭教育，就要从家庭教育的周边进行出发，寻找家庭教育这一领域哪些内容是用户所需的，包括父母对孩子的教育观、孩子的成长环境等问题都可以作为内容来进行创作。如果创作领域是宠物，就可以从宠物的养护、宠物趣事、主人与宠物之间的故事、宠物的种类等内容出发进行内容的创作，这样全方位的进行内容规划，可以提高文章的质量和效率。

任务 4.3 新媒体文案选题与构思

子任务 4.3.1 灵感式选题

灵感式选题即根据用户的了解，进行头脑风暴思考后得出的选题，特别是对于新媒体文案新手而言，在还没有建立和储备充足的选题素材库时，需要一些外部信息来激发灵感。那么从哪里获得外部信息并激发捕捉到选题灵感呢？选题灵感应该如何有效着手呢？

（1）来源于日常生活。日常生活有丰富的内容，其中一定有某些部分是人们最感兴趣的、投入最多的、最有收获的、谈论最多的，这些部分通常也是思维最活跃的部分。观察自身以及周围的生活，记录下其中最有启发的地方，就是在慢慢积攒素材和灵感。

（2）来源于媒体。社交媒体中有各种各样的丰富的资讯和故事，为写作提供丰富的素材，同时也能启发灵感。在确定写作方向后，应多关注该领域的资讯和事件，并把这些故事记录下来作为自身的写作素材；同时，关注社交媒体资讯，也可以帮助撰写者保持思维上的开放，更有利于随时捕捉头脑中某一次灵光乍现。

（3）来源于同行探讨的话题。作为新手，可以在写作时多去了解同行、同领域的作者，在写什么样的话题，多了解这个方向的各种话题、各种可能性，这样选题思路就会开阔很多。写别人写过的话题，一定要注意，不可抄袭、不可模仿、不可化用别人的素材，这涉及一个作者最基本的职业修养。

（4）来源于阅读。对于所有的写作者来说，阅读都是最重要的灵感来源，读到的观点、故事、场景，甚至是一句话，可能都会灵光一闪，想到一个新话题。阅读可以提升自身眼界，打开认识世界的窗口，同时保持思维的活跃和对问题的敏感度，足够开放，足够敏感，方能捕捉到空气中飘来飘去的选题，进而落实。

子任务 4.3.2 竞品分析式选题

人们可以通过新榜或清博大数据来寻找同行的微信公众号，根据 SWOT 分析模型对竞品进行分析，根据分析内容，将自身实力与竞品做对比，从优势和机会中寻找突破口，避免和对方的长处硬碰硬。SWOT 分析代表分析产品优势（strengths）、劣势（weakness）、机会（opportunities）和威胁（threats），由此来确定撰写者的选题方向和技巧。同一个竞品不同时间的选题，根据数据互动等进行评分，然后就可以从中得出，什么样的选题是比较受欢迎且稳定的；例如，将各种竞品的推送时间，根据相关数据进行打分，就能分析出此类新媒体号发文的最佳时间……

对于旅游类的营销号而言，除了一般的旅游攻略，还有其他选题方向。例如，在一些竞品中，看到从人物切入旅游；在另一些竞品中，从商业切入旅游，这都是选题角度的不同；还有的竞品，根据一年四季的节气推荐旅游点。可以根据热点进行及时的总结，经过一系列的归类和分析，明确自身的内容选题的侧重点和方向。

子任务 4.3.3 资讯参考式选题

在进行选题时，如果撰写者对用户感兴趣和关心的事情不了解，可以参考行业资讯来确定自身的选题方向。可以从今日头条、微信公众号、一点资讯等新媒体平台进行选题，还可以从品途网（一家 O2O 专业研究与服务机构）、简书（致力于开发维护一套集合文字的书写、编集、发布功能于一体的在线写作编辑工具）、钛媒体（国内首家 TMT 公司人社群媒体，最有钛度的一人一媒体平台）、虎嗅网（有视角、个性化商业资讯与交流平台，核心关注对象是包括公众公司与创业型企业在内的一系列明星公司）等众多新媒体平台上进行文案的选题和构思。为了提高资讯参考的效率，可以将这些资讯和网站集合保存成书签，建立属于自身合适的素材库。

子任务 4.3.4 文章构思

在确定文章选题之后，需要对文章选题进行构思，把内容模块化表现出来，一般常用的文章构思有三个要点。

（1）内容统筹。文章内容构思有理有序，内容丰富有条例，在纷繁中求条理，让所有材料和内容“殊途同归”。

（2）连贯首尾。即文章的开头和结尾要前后呼应。如果内容和文字先后颠倒，承接处字句不恰当，就会妨碍意思的表达。

（3）取舍素材。即构思时对所获得的素材进行取舍，作出合理安排。取舍就是保留对材料主题有用的，舍弃对主题没用的，恰当地安排素材，做到繁简适度、运用得当，这样才能适应表现主题的需要。

子任务 4.3.5 新媒体文案写作素材收集

作为一个新手，如果想要写一篇优秀的新媒体文章，以引起用户的共鸣，那么就得准备大量有质量的文章素材，那么在收集写作素材时，要注意三点。

（1）日常的积累。及时记录现在及将来可能用到的素材，包括亲身经历、朋友圈、电影、综艺、微博热搜、知乎热搜、热点事件的网友评论等。

（2）学会使用搜索渠道。微信内部搜索、微博搜索、知乎搜索、百度搜索、小红书搜索都是在某个领域做的最为出色的搜索引擎，并且用户量也非常惊人，搜索结果也很丰富！

（3）学会分类整理。吸引眼球的标题、金句良言、名人观点、引起共鸣的小故事、热搜图片、热搜视频、搞笑表情包、热门音乐……这些分类可以帮助撰写者选择适合自身的写作领域，起到事半功倍的效果。

任务 4.4 选择网页浏览器

在日常网页搜索中，要习惯将有用的素材添加到浏览器的收藏夹中，形成一个新媒体写作的素材库，这样才能更高效地开展工作。在网页浏览器收藏中，要优先考虑云同步书签，这样保存的书签可以同步到电脑或手机上。

任务 4.5 素材库分类

根据互联网内容的生产方式，可以将素材网站分成三大类：PGC（专业生产内容）网站收集，即专业领域内的专业人士创作和生产的内容；OGC（职业生产内容）网站收集，即品牌或企业的新媒体运营者创作和生产的内容。UGC（用户生产内容）网站收集，即用户自发性的互联网或平台上发布的相关内容。

子任务 4.5.1 PGC 网站收集

专业生产内容（professional generated content，PGC）生产者多具有专业学识或者工作资质，在收集由行业专家提供的内容时会给用户更具权威、更有用的帮助。还可以将 PGC 细分成行业专家、行业自媒体和垂直网站三个素材来源渠道。

1. 行业专家

行业专家是指从事于该行业，具有资深的工作经验和行业见解的个人。可以从微博、知乎等不同新媒体网站进行 PGC 内容收集。例如，可以先在微博上进行关键词的搜集，然后选择个人认证用户，筛选行业专家微博账号并关注，就可以在专家的账号中看到对热门事件、行业话题的分享和问题解析，并将其整理收藏在素材夹中。

2. 行业自媒体

行业自媒体是指由行业内的专业人士对行业的资讯或玩法进行分享，他们具有丰厚的经验和独特的观点。该内容发布的主要平台是微信公众号、今日头条、微博、抖音等，所以需要从第三方平台寻找行业热点自媒体账号。新榜是一个内容产业的服务平台，可以从这里看到对各类自媒体平台真实、有价值的运营榜单，可以快速地帮助撰写者找到各个领域的自媒体账号。然后，再根据行业榜单的排名搜索该自媒体，如图 4-2 所示。

图 4-2 行业榜单的排名

3. 垂直网站

行业的垂直网站一般专注于该行业，能够提供专业化的资讯、选题和素材，可以供撰写者转载和加工。站长之家是一家专门为个人站长与企业网络提供全面的站长资讯、网站流量统计服务和不同类型归类的服务性网站，在寻找垂直网站时可以借助这一网站的功能。打开站长之家网站查看行业排名，然后选择细分类目，找到精准的垂直网站，将其收藏到书签中，如图 4-3 所示。

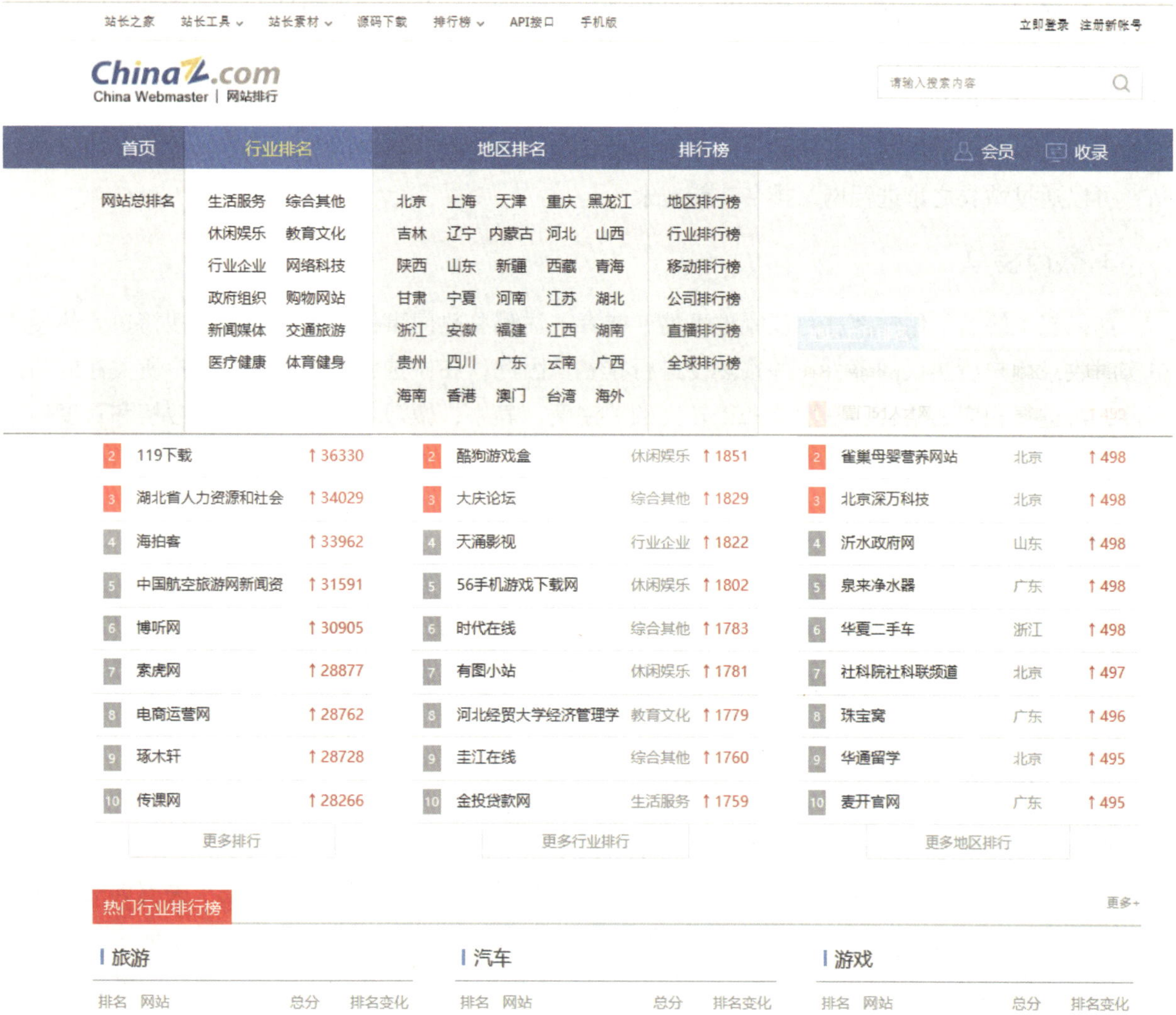

图 4-3　垂直网站

子任务 4.5.2 OGC 网站收集

职业生产内容（occupationally generated content，OGC）指的是以提供相应内容为职业，如媒体平台的记者、新媒体内容编辑、企业新媒体运营者等，进行内容的生产制作。这类内容素材网站可以细分为搜索引擎、媒体平台和热门榜单三个部分。

1. 搜索引擎

搜索引擎能够帮助撰写者进行全网络内容的寻找，可以从百度上进行网页素材的搜集，在搜狗上进行微信公众号素材的搜集，并可以将不同的搜索引擎收藏为书签，以方便查找。

2. 媒体平台

同样，撰写者也需要将各类媒体网站收藏为书签，这样才能更方便地了解全国乃至全球各地发生的大事小情，掌握一手的新闻资讯和热门事件。可以将媒体平台分为社会类新闻和行业类新闻两个类型。其中，社会类新闻指的是以报道民生为主的具有社会性质的新闻，如人民网、央视网、新京网、凤凰网等相关新闻。网页网站指的是报道行业垂直领域的资讯的网站，报道这类新闻的网站分为两种，一种是垂直网站，专业做某一行业的，例如，时尚领域的时尚芭莎、互联网领域的虎嗅网等；另一种是门户网站的细分版块，例如，腾讯网中体育、健康等领域的资讯。关于门户网站，下面推荐几个常用的网站，如网易、腾讯网、搜狐网、新浪网、新华网等。想要寻找很多的这类网站，可以通过站长之家进行网站排名功能搜索。

3. 热门榜单

如果想了解当下用户都在热议哪件事情，或者关注哪些热门事件，可以查看热搜榜单。热搜榜单实时收录用户所热议的事件，并按热度进行排名。因此，在做选题时可以参考用户所关注的热门事件，再进行相应的结合，从而能获得较高的关注度。其中，微博热搜榜、搜狗热搜榜和百度搜索风云榜都能第一时间进行热点事件的呈现。

子任务 4.5.3 UGC 网站收集

用户产生内容（user generated content，UGC）是指用户发表的评论和想法，可以在 UGC 平台快速地了解用户，并搜集相关评论与内容，取得授权后进行二次加工处理。同样，撰写者需要在能收集到 UGC 素材的网站进行查找并收藏网站。

1. 百度贴吧

百度贴吧是全球最大的中文社区，贴吧结合搜索引擎建立了一个在线交流平台，将那些对同一个话题感兴趣的人们聚集在一起，方便他们展开交流和互相帮助。贴吧是一种基于关键词的主题交流社区，它与搜索紧密结合，准确把握用户需求，为兴趣而生。找到目标用户所分布的贴吧并关注，同时收藏为书签，在后续的运营过程中，多关注用户的动态，这是运营者了解用户最直接的途径之一。

2. 豆瓣

这是一个社区网站，其核心用户群是具有良好教育背景的都市青年，包括白领及大学生，他们热爱生活，除了阅读、看电影、听音乐，更多的活跃于豆瓣小组、小站，对吃、穿、住、用、行等进行热烈的讨论。他们热衷于参与各种有趣的线上、线下活动，拥有各种新奇的创意，是互联网上流行风尚的发起者和推动者。豆瓣的每一个小组、小站和百度贴吧的每个吧是类似的，都是根据某一个兴趣或话题而集聚相同属性的人群，然后用户即可在小组里展开讨论和交流了。找到目标用户所分布的小组，将页面收藏为书签并多加关注。

3. 知乎

知乎是一个较为真实的网络问答社区，该社区的氛围友好而理性，连接各行各业的精英。用户分享着彼此的专业知识、经验和见解，为中文互联网源源不断地提供高质量的信息。准确地讲，知乎更像一个论坛：用户围绕着某一感兴趣的话题进行相关的讨论，同时可以关注兴趣一致的人。知乎的话题功能是将相关的问题做一个集合。同样，找到目标用户所发布的话题，将页面收藏为书签，并多关注用户所发布的问题，以了解用户的需求。

子任务 4.5.4 常用的工具网站

运营者也可以将日常所用的工具网站作为素材库，这样将会节省很多时间去搜索相关的网址。

1. 图片处理网站

（1）UUPOOP：一款在线图片处理网站，可以在上面进行图片的简单处理和操作，使用在线 PS 去除水印、取消杂物等基础功能。同时这里还有照片编辑、手机端的海报设计、公众号封面制作、抠图和证件照底色等功能，如图 4-4 所示。

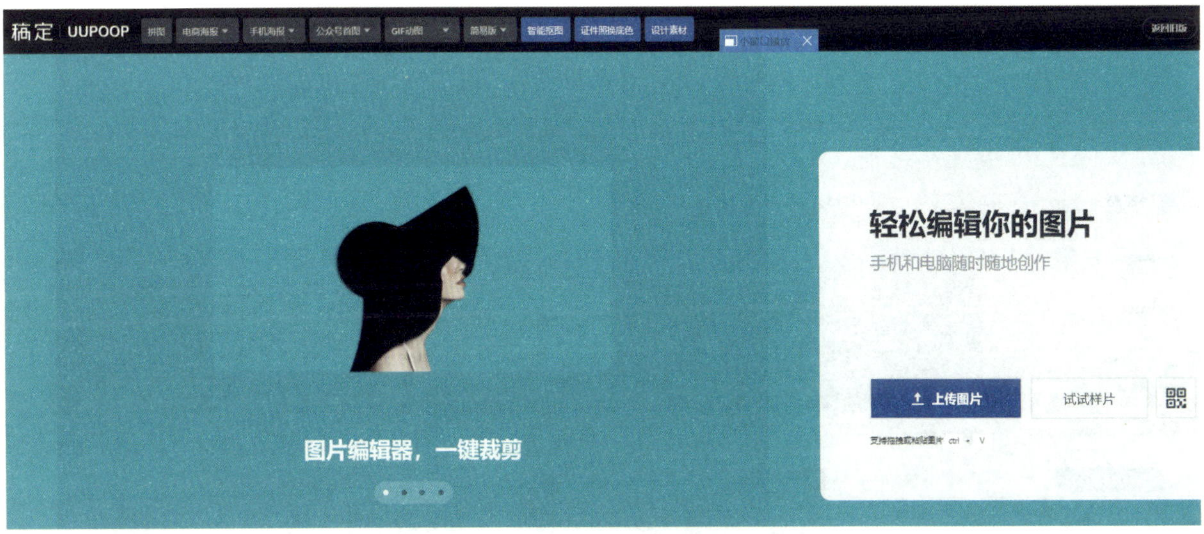

图 4–4　UUPOOP 在线图片处理网站

（2）Topaz Gigapixel AI：一款功能实用的 AI 人工智能图片放大软件，可以实现图片无损放大，使低分辨率图片转换成高分辨率、高质量的图片，还能够自动弥补图片损失的细节，增强画质。上传图片后能够自定义放大倍数与降噪程度，放大后清晰度与原来相似，适合对一些细节照片进行处理，如活动大合照、产品细微拍摄图等，如图 4-5 所示。

（3）创客贴：一款智能的懒人设计工具，网页版可以在线设计创作，通过简单的拖、拉、拽操作就可以设计出海报、PPT、名片、邀请函等各类平面设计图。创客贴提供社交媒体、广告印刷、工作文档、生活、广告横幅、电商 6 大设计场景，63 小类设计模板，从公众号封面图到头图，从配图到底图二维码，再到文案海报、信息长图设计，通通一键完成，如图 4-6 所示。

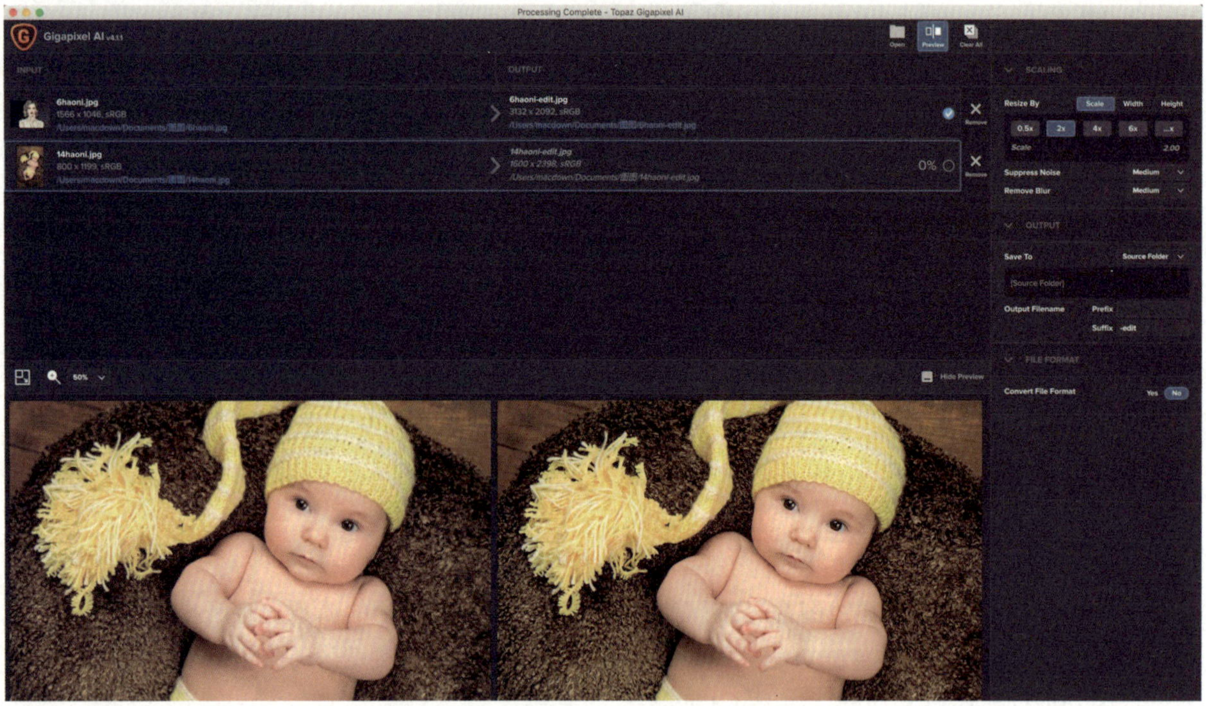

图 4-5　Topaz Gigapixel AI 图片处理

图 4-6　创客贴网页版

2. 新手入门排版工具

（1）135 排版：一款在线微信排版编辑器，在样式模板上和秀米一样，提供了大量的免费样式，有十多万款样式可供选择，涉及电商、时尚、医疗健康、政务宣传等不同行业，同时它也实现了与创客贴、包图网等工具的合作，还具备一键排版等功能，如图 4-7 所示。

图 4–7　135 排版编辑器

（2）i 排版：能够满足基本的排版需求，除了好玩的互动样式以外，i 排版还实现了与很多平台的对接，其中包括创客贴、包图网、小程序模板、MAKA 等，如图 4-8 所示。

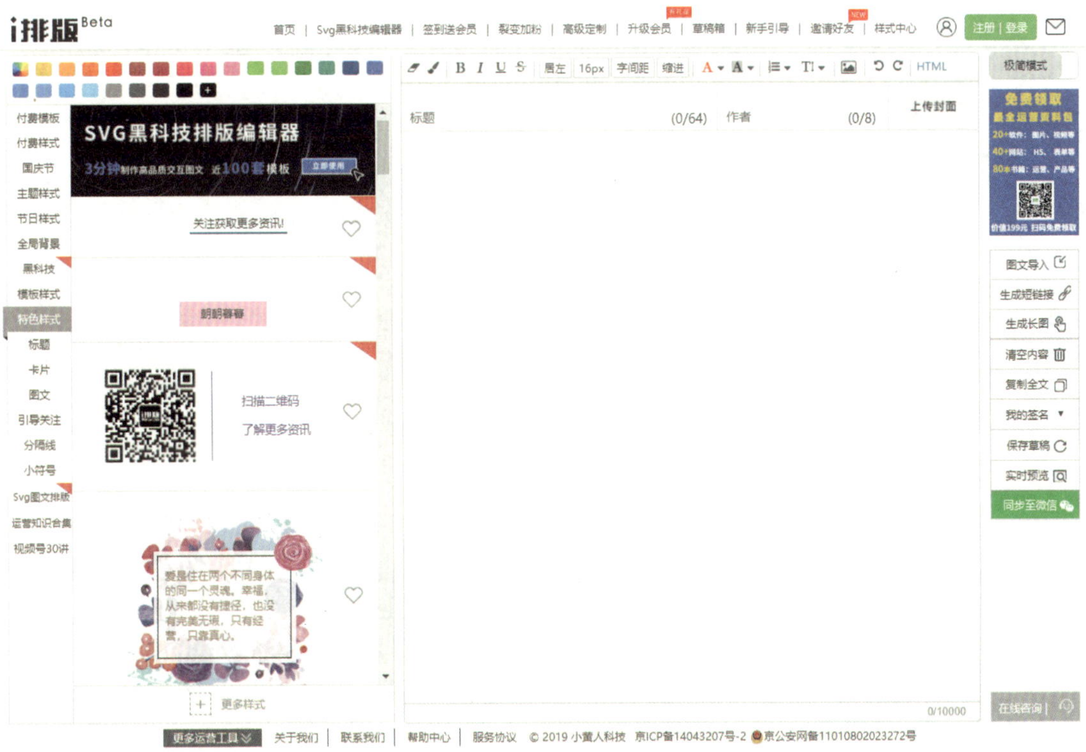

图 4–8　i 排版

（3）新媒体管家：与第三方编辑平台不一样，新媒体管家是一款镶嵌在浏览器内的插件。其可以直接在公众号后台进行编辑，提供基础的样式排版和文字格式处理。安装方法如下：首先，下载安装文件下载插件，打开插件所在的文件夹，找到下载好的文件，后缀名是 .crx；然后，打开浏览器扩展安装页面复制 qqbrowser：//extensions/manage，并粘贴到地址栏，按回车键进入扩展中心页面。安装插件把下载好的 .crx 文件拖入扩展中心，并在安装弹窗中单击“确定”按钮即可。新媒体管家如图 4-9 所示。

图 4-9　新媒体管家

项目 5

新媒体引流

项目目标

（1）掌握直播间的引流方法。
（2）了解各种 App 如何布局引流战略。
（3）理解线下自媒体引流方法。
（4）了解新媒体引流规则。

项目结构

任务 5.1　直播引流方式
任务 5.2　App 引流方式
任务 5.3　线下自媒体社群引流方式

项目导入

目前，最能够产生粉丝效应的主要有直播、线下自媒体、App 三种不同的引流方式，通过这些方式运营者能够更深层次的与粉丝交流。

任务 5.1 直播引流方式

近年来，直播在新媒体中兴起，带动了整个电商行业走向了“直播元年”。直播引流具有成本低、粉丝黏度高、变现快、流量大等优势。因此，受到了广大微电商运营者的追捧。目前国内主要分为直播 + 电商和直播 + 游戏两大直播平台，包括淘宝直播、抖音、快手、微博、斗鱼、虎牙直播六大直播平台，它们各具优势。从平台角度看，淘宝直播是目前最大的直播电商平台；快手与抖音位列其后。其中，以游戏直播为主的斗鱼和虎牙直播拥有热门电竞入口，签约了大量以职业电竞背景的主播，吸引了大量的用户，取得了很好的用户黏性和收益。

子任务 5.1.1 剖析六大直播平台——淘宝直播、抖音、快手、微博、斗鱼、虎牙直播

1. 淘宝直播

淘宝直播是阿里巴巴在 2016 年推出的一款直播平台，其中，papi 酱在 2016 年 4 月进行的拍卖活动，吸引了 50 多万人在该直播平台围观。2017 年 12 月，其推出了“超级 IP 入淘计划”，淘宝直播宣布了首批拿到“映象淘宝”认证的 20 余档 IP 名单，其中包括办公室小野、梦诗 Nicole、魔力美食等知名 IP 项目。在该计划的帮助下，经过“映象淘宝”认证的超级 IP 不但能够在淘宝直播得到更好的流量扶持，还将在变现上得到支持。在未来 3 年，该平台会投入 100 亿元用以奖励优质短视频内容。2018 年 3 月，直播入口转移至首屏，2019 年 1 月，淘宝直播独立 App 上线，同时启动“村播计划”，旨在全国 100 个县培育 1000 名月入过万的农民主播，用主播带货的形式助力农产品上行。目前，淘宝直播已举行了超过 15 万场农产品直播，超过 4 亿人次在线收看，形成了“主播 + 县长 + 明星”的特色直播。淘宝双 12 期间，28 个贫困县优质农产品成为“淘宝乡红”，淘宝为这些农产品设立扶贫会场、票选网红农产品，淘宝主播则在黄金时间免费带货，为贫困地区农产品打开了新的销路。2019 年 7 月推出了“启明星计划”，旨在打造 1000 个跨平台、跨领域和跨身份的主播。同时，淘宝直播还将用更大力度赋能直播生态的参与者，2019 年打造了 10 个主播学院和 100 个金牌基地。目前，淘宝直播拥有庞大的用户基础，消费者每天可观看淘宝直播内容超 15 万个小时，可购买的产品数量 60 万种，主要以服饰和美妆为主。淘宝直播各品类热度值如图 5-1 所示。

2. 抖音

该平台主要以内容种草为核心，聚焦年轻人潮流个性的生活态度。2018 年 5 月，抖音正式启动电商，以短视频、直播带货为主，导流由淘宝、京东等平台对接。目前短视频带货持续完善，素人主播焕发巨大活力，平台中素人主播占据大半，其余依次为网红、成熟的 KOL、明星和品牌机构。其中，直播内容主要是种草开箱、型男靓女、美妆、穿搭时尚、美食、健身、搞笑剧情段子

等，直播带货品类主要有美妆、服饰、居家日用等。该平台流量分发模式使得其头部视频的商品容易爆红，实现高流量下的高触达和转换力，但是平台对流量及商业化把控更强，导致用户更多地为被动接受内容推荐。

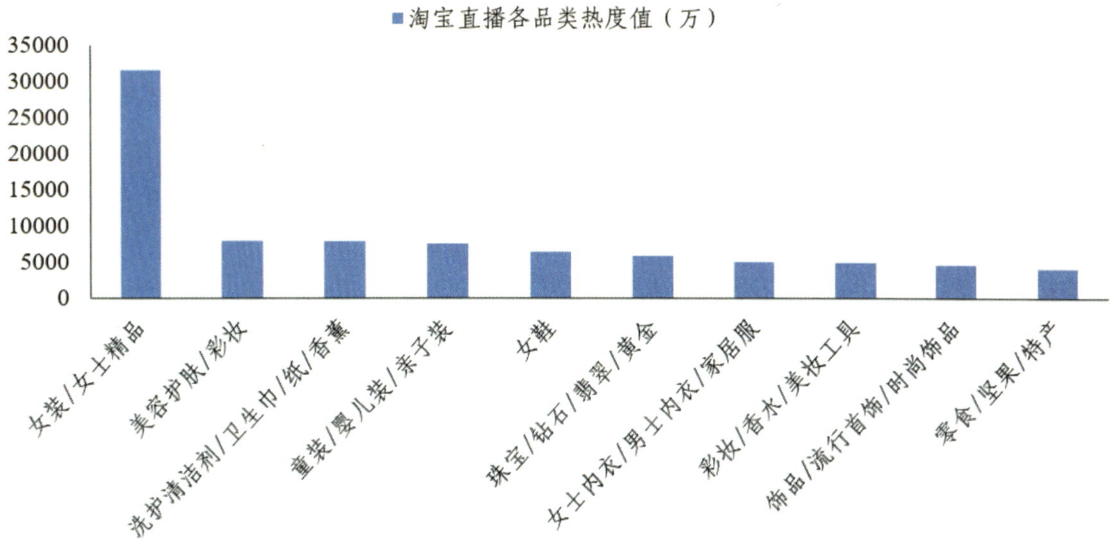

图 5-1　淘宝直播各品类热度值

3. 快手

快手直播主打“以人为本，去中心化”，面向下沉市场用户，营造平民化、去中心化的社区氛围，因信任而实现人带货的电商模式。根据淘宝联盟的统计，“双 11”期间，来自多个平台 TOP50 达人卖货榜中，近 4 成的达人来自快手平台，它主要供应链服务商包括淘宝、拼多多、京东、有赞、魔筷星选、快手小店等。相对于淘宝直播来说，在强社交信任关系驱动下，快手粉丝质量与私域流量控制力最强。相对于抖音来说，具有相对平均的流量分配机制和偏私域的生态为腰部主播和品牌提供了更多的生存空间。同时，快手也引入了电商服务商，为平台提供供应链资源、销售相关的培训等。2019 年 12 月，快手拿出 30 亿流量扶持一万名二次元垂直领域的创作者，助力 1000 个新账号成长为优质创作者，最终出现了 100 个 100 万粉丝级大号，打造了 10 个有创意的优质国漫标杆。目前，其合作伙伴包括 IP 类的伍六七、大王不高兴等，以及腾讯视频动漫、腾讯漫动画和优酷动漫等平台。

4. 微博

微博作为国内最大的天然舆论场所，拥有大量的曝光度和流量。微博橱窗是一个高流量性质的产品展示窗口，除了能够给产品全方位的曝光度，还能给天猫、京东等电商平台导流。据微博方面提供的数据显示，2019 上半年，有 7.8 万个内容作者通过电商获得收入，大 V 用户中发布电商内容的比例达到 30%。2019 年 4 月微博“花花万物节”期间，三农、母婴育儿、美食、美妆等 14 个垂直领域超 200 位大 V 用户在 3 天时间内共售出商品 223 万件，累计销售额达 3.3 亿。2019 年 8 月，微博电商直播与淘宝打通，并支持大 V 发起单场付费直播或面向粉丝群、铁粉等的定向直播，这一合作实现了两个平台的用户关系、数据的互通，微博海量的用户为淘宝直播内容及流量提供了强大的支持，从整体上提高了品牌的曝光度；“边看边买”完美融合，微博博主在直播的时候可以更流畅地让用户购买淘宝商品，淘宝端开播可绑定微博，同步到微博，实现双平台分发。

5. 斗鱼

该平台主要是以“直播+游戏”的方式进行平台引流和变现。如今，游戏直播已经成为一种成熟的游戏宣发和与用户互动的方式。据统计，2019 年 9 月，斗鱼游戏直播用户量达 4984 万人，在各大平台中排名第一。其前身是 AcFun 弹幕视频网，它成立于 2014 年 1 月 1 日，由武汉斗鱼网络科技有限公司推出的以游戏为主的弹幕式直播分享网站，主要为用户提供赛事直播和视频直播，并将影视、科技、音乐、体育、户外等多种元素融入直播中。据第三方平台显示，2016 年，斗鱼日活跃用户达 1200 万，月活跃用户数量为 1.3 亿 ~1.5 亿。同时，在百度发布的 2016 热搜榜单中，斗鱼直播在 90 后十大热情关注和 00 后十大新鲜关注中名列前五。2017 年，斗鱼直播累计注册用户达到 2 亿，每天有 9~10 万主播开播，晚间高峰时段有 2 万左右主播同时在线开播。截止到目前，斗鱼已经进入全球网站前 300 名，全国前 30 名，浏览量在国内视频类网站中排名前十，游戏直播平台中排名第一。2019 年 7 月 17 日，斗鱼于纳斯达克上市。斗鱼直播根据自身平台特点，运营模式为娱乐新媒体、游戏及产品分发渠道、优质视频，主要内容包括斗鱼 + “大众创业、万众创新”、斗鱼 + 公益、斗鱼 + 生活、斗鱼 + 游戏、斗鱼 + 娱乐、斗鱼 + 体育竞技、斗鱼 + 就业等，如图 5-2 所示。

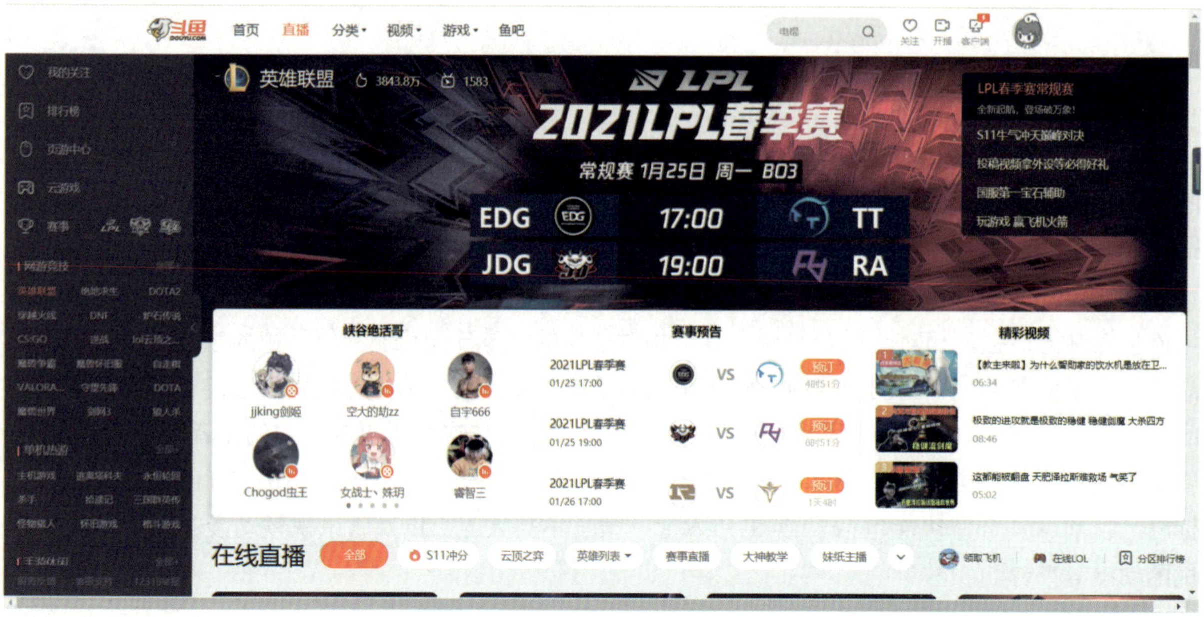

图 5-2　斗鱼直播界面

6. 虎牙直播

虎牙直播的前身是 YY 的游戏直播部门，2014 年更名为“虎牙直播”，正式从 YY 独立出来。近年来，虎牙直播不仅深耕游戏直播内容，还逐步覆盖了二次元、户外、综艺、交友等多元化娱乐内容，满足用户多样化的观看需求。目前，虎牙直播的月度活跃用户已突破 1 亿。2018 年 3 月，虎牙直播宣布获得腾讯战略投资 4.6 亿，腾讯成了虎牙直播仅次于欢聚时代的第二大股东。2018 年 5 月 11 日，虎牙直播正式在纽约证券交易所挂牌上市，成为中国游戏直播第一股。作为游戏直播平台，虎牙直播营收主要来源于直播收入和广告收入。直播收入主要是由用户在观看直播时在平台内购买虚拟礼物并对主播进行馈赠产生的。自 2017 年开始，直播收入以维持同比增速超过 100% 的态势稳定增长。2018 年直播收入达到 6.47 亿美元，是 2017 年的两倍，公司收入占比超过 95%。虎牙直播的广告收入在 2018 年达到 0.3214 亿美元，占总收入的比重非常少，只有 5%，不过随着虎牙直播知名度的提高和用户画像的不断完善，虎牙直播对广告商的吸引力逐渐提高，未来广告收入占比可能会提升。虎牙直播作为 YY 的子公司，完整地继承了 YY 成熟的公会运营经验和丰富的公会资源。通过工会、经纪公司联手培养主播，不仅保障了主播数量，也保障了内容质量。虎牙还设立了专业的经纪部门，为自主签约的主播制定个性化的培养方案，进行全方位的包装与推广。根据 2019 年 2 月小葫芦数据显示，按照主播人气指数排名，TOP 50 的主播中就有 48% 来自虎牙，如图 5-3 所示。

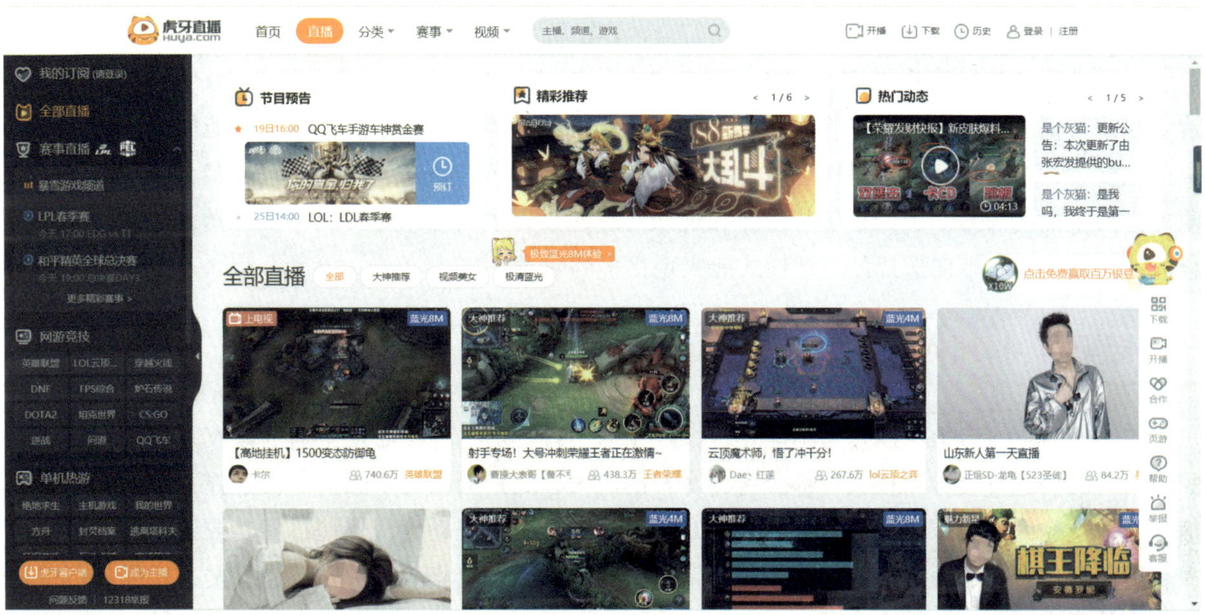

图 5-3　虎牙直播界面

子任务 5.1.2 怎样装扮直播间才有吸引力

2019 年，李佳琦在直播间凭借凭一句：“Oh my god”让一款口红脱销，抖音涨粉 1400w+，获赞 9630w+。直播引流的重要因素是主播的人气，在直播平台上，每个主播都有自己特定的直播间，他们在这里和粉丝互动交流。而对于主播来说，不仅自身要有特长、才艺，能与观众实时互动，还要特别注意直播间的布置，装扮好直播间才能吸引观众。做直播先要有质量过硬的硬件设备，如高清摄像头、过滤麦克风、录制软件和补光灯。在游戏直播过程中，系统把游戏画面与摄像头取景画面自动整合，经过技术加工后，就成了平常看到的实时解说与实时互动同时进行的网络游戏类节目。除此以外，还要装扮好直播间，可以参考以下 3 个小技巧。

（1）写好直播间公告。主播可以设置直播间的展示版，上传一段视频介绍自己，也可以在直播公告上展示直播的开播时间、新浪微博用户名、QQ 空间、淘宝店 ID 等信息，同时这也是一个不错的推广机会。

（2）设置直播间标题。多数观众喜欢轻松、幽默的氛围，因此直播间的标题需要设置得有特色，与自己直播的主题相呼应。

（3）配置直播间的背景音乐。在直播过程中，如果仅仅是主播在说话，就会显得枯燥乏味，可以通过背景音乐调节气氛。

子任务 5.1.3 什么样的个人标签才适合自己

在一个直播平台中，特别是在知名的直播平台中，每天活跃着成千上万的主播。很多观众是通过标签来寻找主播的，如果主播的标签设置得不合理，就很难被观众搜索到。在直播平台中，主播可以通过个人标签来推广自己。例如，在斗鱼直播中，用户在个人平台找到“设置”选项，进入“添加标签”页面，设定自己的个人标签。在选择个人标签时需要注意以下两点。

（1）根据直播内容设定标签。标签要根据自己直播的内容而定，如直播内容是“美妆种草”，就不能够选择“相声歌手”的标签。一个符合内容的标签对增加粉丝起着重要的作用。

（2）选择正确的直播类型。例如，用户之前做游戏的直播解说，现在更改为户外的场景直播，就要修改直播分类，否则系统管理员会强制关闭用户的直播视频。个人标签是最能体现主播特色的个性化标志，标签内容可以是对主播的直播风格、房间特色等描述，通过个人标签，观众可以很方便地订阅主播的账号。个人标签将主播和观众对应起来，主播可以寻找到忠实粉丝，观众可以定位合适的主播，这种双向选择的互动模式能实现更多的收益。

子任务 5.1.4 如何将直播间的流量引入微信

在很多直播平台上，用户是不能直接添加主播为好友的，想要添加主播为好友就需要支付一定的费用。因为这样会导致很大一部分潜在客户的流失，用户会因为不想付费而选择不添加主播为微信好友。这个时候可以通过一些方式来提升用户的参与感和互动性，例如，抽奖或设置游戏让用户在直播过程中参与，通过一些筛选和鉴别，获胜的用户将可以直接添加主播为好友，这样就可以将直播中的用户引流到微信中来了。

子任务 5.1.5 在视频直播中植入微信号的六种方法

1. 直播＋产品体验

2019 年，淘宝直播平台中的著名主播李佳琦 5 分钟之内卖光了 15000 支口红；与马云 PK 直播带货，以 1000 ： 10 的碾压式比分完胜；3 分钟卖出 5000 单资生堂红妍激活精华（俗称“红腰子”），仅这一个单品的销售额就超过 600 万。他的直播间到底有什么不同？能够吸引众多的用户，主要在于其自己亲自试用、体验产品，然后再展示产品的成分，讲解专业的名词，包括讲解化妆中的问题、技巧、小知识，也会让团队的小助理、其他同事配合化妆或做试验；还会用一些趣味性的试验，展示商品的核心卖点，形成一个良好的直播间氛围，这样才能有效地将粉丝引流到微信中。

2. 直播 + 微信发红包

当粉丝进入微信群中后，为了活跃粉丝群中的氛围，可以定期在群中发红包。根据每个群的粉丝数和活跃度来增加红包的金额和数量，这将有利于增进粉丝的黏性和忠诚度。

3. 直播＋广告植入

根据标签可以在直播间进行相应的广告植入，美妆主播可以在分享美妆技巧的时候插入一些知名化妆品牌的信息，美食主播在吃播过程中可以把一些带有明显品牌信息的美食展示给观众看。这种广告植入方式的效果很好，因为用户会根据对该主播的喜爱来购买主播推荐的产品，最后在直播的过程中植入微信号的信息。

4. 直播＋场景植入广告

场景植入广告就是在一个场景中，有意无意地将该产品呈现在镜头前，展示给用户以引起用户的购买欲。电视剧中的场景植入广告是值得大家在直播中进行借鉴的。例如，一场大型的户外直播，主播传授大家钓鱼的技巧，因为天气很热，随身携带的墨镜就会特别引人注意。这个时候该主播就可以顺势介绍一些墨镜的品牌和性能，展示微信二维码让用户扫码进入平台选购，这就是直播中的场景植入广告。

5. 直播＋回答网友问题

主播在直播的时候需要跟网友进行交流互动，在直播过程中，如果网友提出一些问题，不方便在直播间回答的就可以引导网友添加微信号，将用户从直播间引流到微信。

6. 直播＋游戏比赛

一直以来，直播＋游戏都是行业的焦点，因为其拥有固定的受众群，主播可以在直播中开展一些游戏比赛，游戏排名前面的用户可以加入指定的微信号，领取获胜礼物。这样的方式不仅可以调动直播间的氛围，还能将直播间的用户引流到微信。

子任务 5.1.6 女主播利用 40 分钟“吸粉”3100 名的技巧

2016 年 5 月 1 日，正值五一假期，一位女主播在高速收费站入口进行直播，吐槽高速堵车，直播时长 40 分钟，却吸粉了 3100 名，还收到了众多的打赏礼物。女主播利用 40 分钟“吸粉”3100 名有哪些技巧值得大家借鉴呢?

1. 直播时间的选择

正值五一小长假假期，很多没有出门旅游的网友都会选择在家上网，以至于很多人会进入直播间。

2. 直播场景的选择

堵车是大城市的通病，尤其是在节假日出行的高峰期，堵车更为严重。选择在高速堵车现场进行户外场景直播，更具有真实性，增加了网友的代入感和认同。

3. 学会和网友互动

很多网友一起参与了这次直播，主播和观众一起吐槽堵车的情况和讨论五一假期的出行计划，增加了直播的真实性和立体性。

任务 5.2 App 引流方式

随着智能手机的广泛普及，手机 App 引流已成为一个重要的引流方式，不同类型的 App 具有不同的特点和引流技巧。运营者只有准确掌握各类 App 的特点，才能为以后的引流打好基础。这节将重点介绍不同 App 的引流方法。

子任务 5.2.1 社交类 App 引流

1. 腾讯微信

微信是腾讯公司于 2011 年 1 月 21 日推出的一款社交类 App，目前覆盖率达到了 90% 以上，成为继 QQ 以后的又一社交神器。微信拥有众多个性化的功能，能够满足用户各式各样的需求。在引流上，运营者可以通过微信群进行用户的管理，也可以通过公众号的发布来吸引和维护用户。

2. 新浪微博

新浪微博作为当下最热的社交 App 产品之一，也成为当下运营者引流的主要方式。其具有以下几个特点。

（1）随时随地。它以“随时随地发现新鲜事”为宣传口号，可以满足用户随时随地发布和接收消息，打破了时间和空间地域的限制。

（2）快速传播。新浪微博上的热点消息一旦发送成功，可以快速地传送到用户端，也可以通过热门消息快速搜索当前的热点事件。

（3）群社交。用户可以根据自己的兴趣点和爱好加入自己感兴趣的微博群，参与话题的讨论和交流。同时，用户也可以在微博上看到天猫、京东等电商平台的各种产品信息和广告，它已经成为微电商运营者的重要引流工具之一。

3. 抖音

抖音是由今日头条推出的一款短视频分享 App，于 2016 年 9 月上线，是一个专注于年轻人音乐短视频创作分享的社区平台。抖音应用人工智能技术为用户创造多样的玩法，用户可以通过这款软件选择歌曲拍摄音乐短视频，形成自己的作品。2018 年 5 月，抖音上线店铺入口，用户可以进入抖音达人的个人店铺进行购物。2019 年 4 月，抖音与京东达成战略合作，在“6·18 购物节”实现京东购物车直接接入抖音。

4. 腾讯 QQ

QQ 的用户量虽然逐年下降，但它仍具有强大的用户基础，拥有众多个性化的装扮以及社区交流话题，通过 QQ 人们可以在不同的地方进行通话交流，并分享自己身边的事情。可以利用 QQ 群、公众号或 QQ 空间等方式进行引流。

子任务 5.2.2 商务类 App 引流

1.WPS

WPS Office 是一款办公软件套装，由金山软件股份有限公司自主研发，具有多种便捷的办公功能，如文字智能处理、生成电子表格、WPS 演示等。WPS Office 的优点是体积小、速度快、支持多种文档格式。另外，WPS Office 特殊的文档漫游功能让用户轻松实现在任意地点办公的需求。用户只需要把文件放入云端，WPS Office 便会自动保存，用户不用费力查找文件或者担心出现数据丢失的情况发生，云端会永久保存文档内容。

2.QQ 邮箱

腾讯 QQ 的用户量非常大，QQ 邮箱与 QQ 账号自然绑定，只要用户注册了 QQ 账号，就可以使用其绑定的 QQ 邮箱，QQ 邮箱凭借其安全可靠、迅速便捷的优越性能成为中国用户最常用的邮箱之一。商家除了可以利用 QQ 邮箱给其他用户发送邮件，还可以使用贺卡、明信片、漂流瓶等功能进行引流活动。例如，微电商运营者可以群发邮件宣传推广产品或服务，或者在给客户发送贺卡、明信片、漂流瓶等动态信息时，附带上推广信息等。

子任务 5.2.3 资讯类 App 引流

今日头条目前是流量巨大的开放式自媒体平台，人们可以通过对热门话题再加工的方式来引流。例如，若产品是时尚类的，可以到今日头条的时尚类栏目去寻找热门话题进行评论或撰写相关话题的文章进行引流。在文章结尾之后，可以加一段文字：作为一个互联网实战践行者，对互联网+项目及自媒体、文案策划有较深的研究，分享、交流、学习也可添加。这样就可以吸引部分用户引流到其他平台。

子任务 5.2.4 音频类 App 引流

文章中谈到的音频类 App 主要是指电台类的 App，主要有喜马拉雅 FM、蜻蜓 FM 和荔枝 FM。对音频类 App 而言，主要的引流方法就是开通个人电台，直接推广和宣传自己的产品和服务。例如，喜马拉雅 FM。首先，需要注册账号或者通过第三方平台快速登录，第三方平台有腾讯 QQ、微博和微信等。其次，设置“个人电台”信息，如设置“个人设置”“消息设置”“头像设置”“隐私设置”等信息。然后，上传个人音频作品，设置“声音信息”，也就是给自己的音频作品添加标题和图片等内容。最后，上传宣传图片并填写“文案”，“文案”包括歌词、外文释义等信息，再单击“保存”按钮即可。

开通个人电台上传音频作品时有以下两个注意事项。

一是主题要鲜明，内容要充实，音频作品要有针对性，这样才能吸引听众。

二是情感要到位，仅仅依靠声音来突出自己的存在感是不够的，没有任何的画面信息可以传递，听众需要从声音中感受到电台主持人的情感。

子任务 5.2.5 视频类 App 引流

1. 腾讯视频

腾讯视频是腾讯科技（北京）有限公司于 2011 年 4 月正式上线的在线视频平台，具备丰富的优质流行内容和专业的媒体运营能力，是聚合热播影视、综艺娱乐、体育赛事、新闻资讯等为一体的综合视频内容平台，并通过 PC 端、移动端及客厅产品等多种形态为用户提供高清流畅的视频娱乐体验，以满足用户不同的体验需求。

2. 爱奇艺

爱奇艺于 2010 年 4 月 22 日正式上线，秉承“悦享品质”的品牌口号，积极推动产品、技术、内容、营销等的全方位创新，为用户提供丰富、高清、流畅的专业视频体验，致力于让人们平等、便捷地获得更多、更好的视频。目前，爱奇艺已成功构建了包含电商、游戏、电影票等业务在内，连接人与服务的视频商业生态，引领了视频网站商业模式的多元化发展。

子任务 5.2.6 互动类 App 引流

互动是微电商运营者引流的重要部分，只有人与人之间产生了互动才会有沟通交流，社会资源才能够顺畅流通。微电商运营者只有通过互动才能让客户了解自己、了解自己的产品，并最终购买产品。所以，使用互动类 App 开展引流工作是微电商运营者必须要做的工作之一。当下，互动类 App 非常多，如互动吧、问卷星、微调查等。问卷星是一个在线问卷调查、测评、投票平台，也是全球最大的免费问卷调查平台，其具有效率高、质量高、成本低的优势。用户可以免费使用，在使用过程中不限题目数和答卷数。使用问卷星开展相关问题调查时，有一个小技巧，就是可以设计一个合适的问卷外观，选择与问卷类型相符的背景图片，这样做有利于吸引用户填写问卷。为了达到更好的调查效果，微电商运营者可以将设计好的问卷分享到微信中，邀请微信好友填写。除此之外，还可以选择和其他调查者互填问卷，这种方式的优点是实用、高效。具体填写步骤就是在问卷发布后进入互填社区，然后按照系统提示填写答卷即可。此外，答卷者还可以登录微博，为对方的问卷进行补充评论，这样有助于对方第一时间看到自己的要求。

子任务 5.2.7 生活休闲类 App 引流

目前生活休闲类的 App 主要有美团、大众点评、58 同城等，这类 App 可以为人们提供吃喝玩乐参考、社交活动、互动交流等服务，其受众主要集中在本地。因此，如何为用户持续地提供地域化、专业化、特有的服务就成为吸引用户的关键。

1. 美团

该平台的运作模式是 O2O 模式，线下商家入驻平台，平台展示商品和服务信息，为用户提供美食、外卖、酒店、旅游、电影等生活服务，同时提供支付接口和售后服务，用户购买商品和服务后到线下消费。产品入驻到美团平台后，在商家信息列表中，完善商家名称、优惠标签、评级、平均消费、商家类别、地段名称、距离、消费人数、全部或部分优惠信息等商家信息，以确保用户更快地捕捉到有效信息，也可以通过发放优惠券和留下联系方式来实现引流。

2. 大众点评

在大众点评中，可以通过以下两种方式进行引流。

（1）评论。在大众点评上有很多商家发布的视频，也有很多点评者发的帖子，帖子会被很多人浏览并且点赞或者评论。也允许用户和商家发帖，每一位留言的用户都可以看作精准人群，商家后台与其私聊即可；也可以通过多个账号、多个部落发帖，以提高引流效率。除了发帖，还可以通过其他帖子下方的回帖进行截流，私信对方。

（2）论坛发帖。大众点评中有许多社区论坛，里面有很多的小部落，如美妆、美食、玩乐、母婴等。商家可以通过发布帖子来吸引用户的注意，而且大众点评中的细分非常多，完全可以选择相对应的板块去发帖。

子任务 5.2.8 医疗健康类 App 引流

健康医疗类的 App 是一类基于移动终端的医疗类应用软件，具有在线问诊、预约挂号、网上药店以及查询专业信息的功能。随着网络的发展和人们对健康的生活方式的追求，越来越多的人选择在各类医疗类 App 中寻找解决办法。其中，平安好医生、丁香医生、1 药网等医疗健康类 App 受到了大家的广泛关注。

平安好医生是覆盖在线医疗和健康保健业务两大领域的医疗行业平台型产品。在在线医疗领域中，平安好医生组建了近 1000 名的私家医生服务团队。私家医生是平安好医生的核心盈利模式，私家医生的服务包括邀请名医会诊、安排住院、挂号协助、报告解读、定制体检方案、陪同就诊等多种套餐服务。在健康保健领域中，平安好医生通过直播开课、健康头条等内容营销聚集流量，引流销售药品、保健品、医疗仪器设备、日常用品等商品。其通过对用户的健康数据、医疗数据的分析，针对性地推送商品。此外，还可以通过买硬件产品送私家医生服务的服务模式将硬件产品和私家医生服务打包销售。目前，使用平安好医生的用户已经突破 3000 万。运营者还可以在咨询环节和网友互动环节中实现推广和引流。平安好医生如图 5-4 所示。

图 5-4　平安好医生

子任务 5.2.9 App 内部引流九大方法

（1）扫描二维码赠送小礼物。扫描二维码赠送小礼物是一种比较常见的内部引流方法，针对不同产品，大家在运营的形式上需要有所创新。

（2）内部邀请引流。内部邀请也是其中的引流方法之一，例如，美团消费者在店铺内拍摄一张自己的照片发送到微信朋友圈就可以获赠一份免费甜点；或者商家主动赠送给顾客一张优惠券，同时，优惠券不限本人使用，可以转赠他人使用。

（3）积分奖励引流。利用积分奖励引流是指用户在使用指定的 App 购买某个产品后，会获赠一定积分，积分可以提升用户等级，不同的用户等级会有不同的奖励，这种方法可以促进用户赚取积分的欲望。但商家需要注意多与用户互动，把握好活动的频率和时长。

（4）数据分享引流。腾讯推出的微信电话本 App 就是一个数据分享引流的范例。作为一款智能通信增强软件，微信电话本可以导入微信头像、拦截骚扰信息、识别陌生号码等。

（5）好友关系链引流。开心消消乐 App 通过引入好友排名功能来增强用户与好友的关系，带来了用户数量的快速增长。脉脉 App 也有类似的功能，即邀请好友帮助自己完成认证任务。

（6）赠送礼品引流。赠送礼品引流与前面提到的扫描二维码赠送小礼物不同，它主要面向有较高知名度并且有自己的 App 应用软件的大型厂家，厂家通过将自家的吉祥物或者是品牌的 Logo 设计成礼品赠送给用户的方式实现引流。

（7）话题营销引流。微电商运营者可以以热点时事为话题，发表相关文章的评论，借此吸引用户关注，如高考、节假日、大型促销活动等。

（8）系统联盟引流。当下各种各样的 App 都在通过各种手段努力吸引用户、留住用户。微电商运营者可以寻找符合条件的 App 进行系统联盟引流，以达到双赢的效果。

（9）付费推广引流。对微电商运营者来说，免费的引流方案可以带来流量，但见效时间较长。为了尽快达到引流效果，可以寻找合适的付费渠道，但是要注意付费推广与引流效果之间的收支平衡。

任务 5.3 线下自媒体社群引流方式

线下自媒体社群引流主要以社群活动为主，如招商会议、职业培训和主题沙龙聚会等，相对于线上活动，线下引流的优势是成本相对低、时间短、见效快。接下来将以线下主题沙龙为例，介绍线下自媒体社群引流活动的详细流程。

子任务 5.3.1 选择沙龙场地

沙龙的场地指的是该沙龙活动举办的地点。通常先确定该活动的举办地点、规模及需要容纳多少人，再根据沙龙的调性去选择一些场地，例如，主题很文艺，那就需要一个文艺的场地。最常见的场地是咖啡屋和酒店，以及创业空间孵化器。一般可以将沙龙分成小型讲座、大型讲座和圆桌讨论三种，它们在场地的选择上各有不同。

（1）小型讲座。该类型的沙龙虽然人数不算多，但是还是需要主持人来增强现场的仪式感和对活动流程的把控，具备话筒和投影仪等设备以方便主持人引导现场的氛围。场地需要封闭或半封闭，这样才能集中参与者的注意力。

（2）大型讲座。该类型的沙龙人数相对来说比较多，需要选择大型的会议场所以容纳足够多的人，同时必须要安排足够的工作人员维持现场的秩序。现场的投影仪和音响设备必须能够保证现场的需求。

（3）圆桌讨论。该类型参与者比较少，每一个参与者都有机会发言，可以选择在咖啡馆、小型教室或户外草坪进行。大家围坐在一起，便于集体讨论，也体现出了该类型沙龙平等、随意的特点。

子任务 5.3.2 选择沙龙嘉宾及人员

在沙龙活动中，选择的嘉宾一定要在该行业具备一定的知名度和专业素质，而参会人员是有学习和参与该沙龙活动主题的学习需求的。所以，组织者要按照会议的需求来设定嘉宾与成员的选择标准，保证参与成员和其讨论的主题相匹配。总体而言，嘉宾的甄选要满足以下三点。

（1）有一定的专业知识。所演讲或探讨的问题要能够吸引在场的人，同时分享的内容是“干货”，这样才能调动现场的氛围。

（2）要有身份地位。嘉宾在行业中要有一定的身份和地位，这样所讲的内容才能具有权威性，提升沙龙讲座的档次。

（3）善于分享。嘉宾要谈吐得体、思路清晰，乐于通过发言或演讲为参会者带来实实在在的知识和信息。

一场线下沙龙做得再好，嘉宾演讲得再精彩，最终目的也是吸引听众参与和互动。所以，组织者在策划沙龙活动时，要充分考虑到听众的互动性，在活动介绍中详细标明沙龙主题、主持人、嘉宾、时间、地点、报名渠道和截止日期等信息。

子任务 5.3.3 选择赞助商

沙龙活动策划前期，除了考虑嘉宾和参与者，还需要考虑资金预算或活动相关的赞助。有些沙龙活动的资金是来自企业自己的预算，而有些沙龙活动是没有资金预算的，所以就得寻找沙龙的赞助商，用以提供资金或场地来使该活动能顺利开展。这样赞助商能够通过该活动提升品牌的影响力，活动举办方也能获得活动的经费，实现双赢。选择赞助商通常需要考虑以下两个因素：

（1）企业品牌影响力。赞助商品牌影响力间接决定了该沙龙活动的影响力，一个具有良好品牌效果的赞助商可以对这场沙龙活动起到一个良好的宣传效果。例如，沙龙的主题是互联网产品营销，赞助商选择的是在淘宝、京东等大的电商平台，同属于该行业，这样既能提升该活动的知名度，又能提升赞助商的品牌影响力，选择这样的赞助方容易实现双赢。

（2）沙龙主题与赞助商契合度。沙龙的活动主题必须要和赞助方的品牌具有契合度，这样才能提升该活动的权威性和专业性。例如，该活动以汽车的研发为主题，所找的赞助商应属于汽车行业的不同维度，这样目标受众才一致，实现双赢。

一般来说，举办方可以选择 2~5 家企业作为赞助方。在活动前期的策划中，应该与赞助商签定合作的相关方案，对特殊情况的处理方案，避免后期出现不必要的争议。

子任务 5.3.4 设计沙龙的引流的环节

沙龙活动类型主要分线上活动和线下活动两种，它们具有不同的特点。线上活动主要以微信、抖音、微博等新媒体的形式开展，优点是时间灵活、前期成本低，同时有利于对参会成员的管理维护和后期转化，缺点是缺乏现场感和仪式感。线下活动以实际场所为会议场地，如咖啡厅、会议室、阶梯教室等，优点是流程正式、仪式感强，听众可以与嘉宾面对面交流，现场体验感强，缺点是前期准备时间较长、成本高。本节以线下活动为重点，介绍沙龙活动的引流环节。

（1）活动报名。在确定沙龙活动的主题和实施方案之后，便可以进行线上报名，报名的渠道可以是登录官网、会员中心或微信群等。

（2）现场签到。在活动的入口要设置签到点，在签到表上详细记录嘉宾的相关信息。例如，姓名、电话、单位、个人邮箱等，其中，电话和个人邮箱的信息非常重要，这些信息可以方便组织者在活动之后开展后期的引流工作。在现场还可以放置活动宣传海报，并附上企业二维码，邀请签到者扫描二维码，还可以在签到桌上设置礼品区，进行扫码送礼等活动。

（3）活动期间。活动开始之前，在现场播放该活动的相关视频以及企业的宣传片，之前没有加群扫码的嘉宾，可以现场再进行面对面建群，然后以发红包的形式增强参与者的互动性和对活动的好感度，以达到引流的目的。活动中途还可以进行抽奖，获胜的参与者可以获得相应的奖品，奖品中可以引用企业的 Logo 或二维码，最终起到引流的效果。

（4）后期维护。在活动结束之后，需要对参与者进行引流，通过在网上发送回访邮件、电话回访或微信回访等不同形式，让参与者对该沙龙活动满意度进行评分或给出个人意见。沙龙活动的主办方组织人员对活动进行后期维护，既是一种引流方式，也能体现公司的品牌专业度。

子任务 5.3.5 一场小小的社群活动，收入百万元

罗振宇运用“罗辑思维”系列视频在 2013 年首次试水付费会员制度，其在 6 小时内募集到 160 万元。第二次活动仅用了一天时间就募集到 800 万元。近年来，除了罗振宇的“情怀”型社群，社群活动的发展还演变出了更多的模式。罗振宇可以在一天之内募集到上百万元资金，部分优秀的社群运营者也可以通过一场小小的社群活动，收入高达百万元。下面分享一个社群运营者的案例。

社群营运者张西，以前是一位家庭主妇，平常喜欢养一些花花草草，经常也与一些有孩子的家庭主妇一起在网络上探讨如何寻找放心安全的食材。其本人也喜欢参加社交活动，结交了很多朋友。在正式运营社群前，她已经有了 7 至 8 个成熟的微信群，这些群为她的社群营销活动提供了良好的基础。其社群活动主要分以下三个步骤。

（1）选择合适的人群，创建专业的社群。举办线下沙龙聚会，在自己的微信群中进行宣传和推广，对入会人员的要求是，必须是全职家庭主妇或有孩子的母亲，因为这一群人才是购买健康食材的主要消费群体。

（2）推出线上商城，创建付费会员制。一是通过付费可以筛选掉不合格的受众群体，二是付费可以直接带来收益。将信息和人脉进行提纯本身就是一种生意，付费者可以在社群服务中获得有价值的信息或购买限量的健康食材。

（3）推出线下商店，定期举办厨艺沙龙。开设线下分店，会员或潜在顾客可以通过线下活动进行维持和发展，并找到合适的赞助商，邀请权威专家对健康食材如何挑选和鉴别进行讲解，让活动更具专业性和权威性。

项目 6

短视频营销综合实战

项目目标

（1）明确短视频定位：三大定位精准瞄准目标用户。

（2）观察短视频效果：五大效果推动短视频平台发展。

（3）熟知短视频类型：五大类型焕发短视频夺目光彩。

项目结构

任务 6.1　短视频定位

任务 6.2　短视频模式

任务 6.3　短视频效果

任务 6.4　各种类型的短视频

项目导入

短视频在制作之前，需要选择合适的短视频类型和明确短视频定位，这样才能够达到预期的宣传效果。

任务 6.1 短视频定位

运营者在制作短视频时第一步就是明确短视频定位，短视频定位主要包括目标受众、内容策划、运营者身份等内容。这样才能提高短视频的曝光率，达到宣传的效果。

1. 用户定位——提供给哪种类型的受众观看

用户定位，即确定目标消费者，并研究消费者的行为。用户定位第一步先思考“目标用户是谁?”“这类人群有何特点和需求?”“能给该群体带来什么样的价值?”等几个问题。根据这些问题进行市场调研，找出这类群体的群画像。例如，医疗美容行业，则年轻爱美的都市群体是其主要的目标受众，即年龄为18~45岁中青年，他们主要生活在一二线城市，有成功精英阶层，也有都市白领或在校大学生。运营者可以通过企鹅智库、艾瑞咨询等专业的数据平台进行用户定位分析，这样有利于短视频内容制作和后期推广中进行有针对性的策划和投放。例如，抖音、头条可以作为短视频的线上投放渠道，城市地铁、商业购物中心、高端写字楼、高端住宅小区和大学城可以作为短视频的线下投放渠道。

2. 内容定位——能够带来哪些重要的干货

当锁定用户目标群体和了解人群自画像之后，运营者就可以根据该群体的特点进行短视频内容定位了。短视频内容一般以“干货”为主，多是技巧、案例、行业咨询、服务、收费课程、建立圈子等内容，只有对用户有用的“干货”和技巧，用户才能主动去接受内容，积极点赞和转发；如果对用户没有任何实际性的帮助，用户是被动地去观看该短视频，用户的转化率就会很低。所以在进行内容策划时，要思考三个问题：用户有什么需求、平台自己的特长和专业是什么、平台有什么样的最终的目标。

以上文中的医疗美容行业举例，爱美之心人皆有之，随着经济和行业的发展，微整形对于普通大众来说已不是遥不可及的了，所以运营者可以基于受众这一需求进行有针对性的内容创作。现在已经出现了很多关于医疗美容行业的负面新闻和案例，消费者无法相信市面上的医疗美容产品，所以运营者可以为这些目标用户提供最权威、最专业、最有保障的“干货”，从而达到短视频平台营销的目的。

3. 身份定位——运营者以什么样的身份进行创作

身份定位就是对创作者自身的定位，运营者以什么样的身份和角色去创作短视频内容。短视频内容的生产者要有明确的身份定位，对身份的定位不能模糊不清。例如，若定位为行业专家，则可以介绍所在行业的专业经验和技巧，给受众最权威的行业内部信息。而体验者身份相对来说给人的感觉比较真实，如美妆博主以体验者的身份去做美妆测评员，分享各种美妆产品。新从业人员对行业不是太了解，以新手的身份去分享自己对产品或行业的感受，很多受众都可以从新手的身上找到共鸣点和相似点，起到很好的推广效果。知道“我是谁”这个问题，既不能高高在上，又不能是卑微乞求。在自我表达时，明确身份。这里有三种身份可以选择：行业专家，体验者和小白（新手），可以根据自身情况进行选择。

任务 6.2　短视频模式

1. 短视频——全新定义的影音结合体

近年来，短视频发展势头迅猛，据相关数据调查显示，截至 2020 年 12 月，中国短视频用户规模为 8.73 亿，较 2020 年 3 月 1 亿。截至 2020 年初，一些主要的短视频平台，如抖音日活突破 4 亿、快手突破 3 亿、火山突破 5000 万且发展势头良好。短视频受大众欢迎的主要原因有以下三点：一是在快节奏的当下，满足了人们快速获取信息的需求；二是短视频通过声音和画面，影音结合的表达形式更为直接，大众接受度较高，不仅有图像有声音，并且不需要过多思考；三是短视频因为时长短，所以视频节奏和视觉冲击更强烈，能第一时间吸引用户。

图 6–1　几种热门短视频平台

短视频是集文字、图片、音乐、视频、表演等因素为一体的全新定义的影音结合体，为更多的品牌和产品提供了更多的植入空间。图 6-1 所示为几种热门短视频平台。

2. 短视频营销——非同一般的营销模式

短视频的营销也是短视频推广中重要的环节。运营者要想在充满竞争的市场中“分一杯羹”，就必须具备非同一般的短视频营销策略。主要有以下四个营销策略：

（1）内容垂直。想要拍出具有优质内容的作品，前期需要有一个账号的垂直定位，短视频营销是社交营销的最新变种，其核心是互动。短视频营销中先要找到一个“能够挠到目标受众痒处的点”。后续的作品需要围绕着这个点逐渐延伸、展开，形成自身独特的风格。然后找准切入点，适当地加入符合场景的广告软植入。

（2）热门话题。为了使作品能迅速引发关注和共鸣，撰写剧本的时候需要有一个话题来支撑，这个话题可以是社会热点事件、娱乐头条，也可以是受众切实关心的问题，然后借助短视频的丰富表现力予以呈现，将品牌、产品等进行巧妙的宣传，来让作品达到一个迅速传播的目的。

（3）故事共鸣。所有人都不喜欢广告，但是如果让广告变成一个故事巧妙地表达出来的话，就能引起用户的共鸣，这就是一个成功的广告作品。大众都知道泰国有许多好的广告，而且深入人心，能引发群众的情感，就是因为所拍摄的广告呈现出来的都是一个个精巧故事。

（4）网红带货。在短视频领域，“网红”就是一个个产品的形象代言人，有时用户对网红有一种无形的信任感。有些网红在短视频领域的影响力超过了一些明星。所以，若是好的产品经过网红的加持推荐，那就是“如虎添翼”。李佳琦和薇娅在年货节进行直播带货，观看直播的人数最高达到 5000 多万人次。

任务 6.3 短视频效果

短视频相对于传统视频来说，具有时长短、节奏快、互动性强、阅读碎片化等特点。所以运营者在拍摄短视频时，要基于这一特点进行短视频制作，以更好地发挥短视频的效果。

1. 互动多——交流沟通赢得好感

短视频成了一种趋势和潮流，越来越多的用户加入短视频的拍摄中，不仅成为短视频的制作者，更成为短视频的传播者。用户通过短视频点赞、评论和转发等功能，提出对该视频的意见和建议。同时，很多短视频运营者还会对用户提出的问题进行解答，包括兴趣爱好、日常生活等，与用户进行积极的互动和交流，满足其好奇心以赢得其好感。

2. 成本低——传播维护简单可行

传统视频生产与上传成本较高，不利于传播和分享。短视频则大大降低了使用门槛，即拍即传，可以快速分享至社交媒体，真正做到了随手记录生活和身边事。这种最大程度接近直播的现场播报，其成本比真正的网络视频直播低廉了许多，与微博的图文直播相比，其现场感和真实性则更强。

3. 个性化——信息内容更具创意

手机摄像技术不断升级，短视频软件提供的各种滤镜效果、个性化配乐及水印等，都可以使用户自由表达个人想法与创意，彰显用户个性；通过社交短视频软件，用户还可以实现拍摄与编辑一步到位；制作方式的便捷促使视频信息内容更加丰富，表现形式更加多样化。

4. 精准信息——受众接受度高

当前快节奏的生活和高压力的工作使得多数人在获取日常信息时习惯选择自由截取，追求短平快的消费方式。短视频充分利用了人脑形成印迹的最经济时间刻度作为起点，能使用户在轻松的心情中摄取信息。同时，短视频信息开门见山、观点鲜明、内容集中，指向定位强，易被受众观看、理解和接受，信息送达和接受度也更高。

5. 传播快——迅速转发激起兴趣

短视频传播平台门槛低、渠道多样、方法简单，不仅可以实现内容裂变式传播，还可进行“朋友圈”式的传播，用户则可以直接在软件中分享制作的视频和观看、评论他人视频。多方位的传播渠道和简单的方式使得短视频的信息内容呈现病毒式的扩散传播，具有信息传播力度强、范围广、交互性强等特点。

任务 6.4 各种类型的短视频

随着短视频的发展，短视频平台慢慢形成了各种短视频类型。不同类型的短视频具有不同的特点和作用，运营者在进行制作时，要具有针对性。

1. 网络视频广告——分秒必争的营销武器

图 6-2　麦当劳贴片广告

网络视频兼具传统媒体和新媒体的特性，所以网络视频广告的形态也是多种多样。网络视频广告的投放方式包括贴片广告（PC 和移动端）、植入式广告、悬浮式广告、信息流广告等，通过这些不同的形式起到品牌介绍、品牌宣传、产品促销、增加用户触达、促进用户参与度、业务推广等作用。图 6-2 所示为腾讯 App 中，麦当劳所做的贴片广告。图 6-3 所示为唯品会的电视植入广告。

与传统的电视广告相比，网络视频广告结合“视频”与“互联网”，具有互动性强、传播速度快、目标受众明确等优势。受众可以在网络上对短视频广告进行评论和转发，增强了受众的参与性和互动性，刺激其进行主动的病毒式传播。同时，根据短视频平台的推荐机制，运营者可以将特定的短视频广告推送给目标用户，增强了视频广告的达到率和转化率。

2. 宣传片——打造良好口碑的绝妙工具

图 6-3　唯品会的电视植入广告

在网络短视频发展过程中，也出现了很多现象级的宣传短视频。例如，2019 年春节前夕，电影《小猪佩奇过大年》的宣传片《啥是佩奇》一夜之间刷爆了朋友圈，这只时长 6 分钟的视频播放量达到了千万级。影片以动画片角色佩奇为主线，在春节团圆时，爷爷自制佩奇作为礼物送给孙子。宣传片呈现了亲情、春节回家、子孙三代沟通、空巢、城市与乡村、现代通讯、民俗等话题，中间穿插了各种真实的、没落的农村留守老人的生活场景。宣传片中包含各种复杂的社会话题，“佩奇”在片中被高度“符号化”，放大了目标人群的基数，而不是只闷头深耕“佩奇”粉丝人群（小朋友和部分成年人），为电影的上映起到了很好的宣传效果。

3.　品牌活动视频——主题鲜明的视频内容

品牌活动视频，即品牌方在开展不同的主题活动时所拍摄制作的短视频，该视频具有主题鲜明、品牌宣传意识强等特点。在制作时，运营者要注意更深入地了解该品牌或产品，并结合品牌的特点和品牌活动的主题，拍摄出属于这个品牌或产品特有的短视频。

4. 系列短片——环环相扣的黏性视频

系列短片是指在主题和内容上具有一致性，可以串联起来的多个影片，即是由很多集组成的短片，集与集之间是环环相扣、紧密联系的，并且可以构成一个完整的故事。系列短片可以分为两种，即系列广告和微剧集，相对而言，系列广告更具有营销优势，微剧集则偏向于讲述故事。

5. 微电影——让人身临其境的故事情节

微电影指的是在电影和电视剧的基础上衍生出来的小型影片，具有时长短小化、剧情紧凑化、冲突紧张化等特点。微电影的迅猛发展与受众群体的特性和新媒体短视频的发展密不可分。以80、90、00后为主体的年轻网民，对微电影这类新媒体有着极强的关注力。微电影一般取材自生活，讲述的都是发生在大众身边的人和事，如婚恋、就业、工作、住房等，每个人都会对此类题材有很深的体会。剧中人物的悲欢离合、孤寂失落，常常能反映人们的迷茫、困惑、伤感和追问，代表了底层人群的心声，所以常常具有震撼人心的力量，特别容易引发社会的共鸣。例如，微电影《忘念》讲述与奶奶相依为命的，去当兵的孙子在汶川地震中牺牲，从奶奶内心对孙子的思念，到最后接受现实，特别能打动人心，引起人们的共鸣。

项目 7

拍摄技巧，轻松拍出大片

| 项目目标 |

（1）学习手机拍摄的小技巧。

（2）了解单反相机的一些基础知识点和操作技巧。

（3）学会拍摄的技巧。

| 项目结构 |

任务 7.1　拍摄短视频的设备选择

任务 7.2　构图——凸显画面的最佳美感

任务 7.3.　操作技巧——让拍摄变得更简单的秘诀

任务 7.4　两大技巧——实战中不可不知的秘诀

任务 7.5　五个步骤，让短视频拍摄成为小菜一碟

项目导入

新手接触视频拍摄，拍摄什么内容、如何拍摄都没有清晰的认识，对拍摄设备也不足够了解。通过本章节学习，新手拍摄者可以认识基础的拍摄设备，快速掌握视频拍摄操作技巧，以提升视频画面质量。本章接下来将介绍拍摄视频所需的设备、构图技巧、景别的概念及拍摄基本流程等相关知识。

任务 7.1 拍摄短视频的设备选择

拍摄短视频，必须使用硬件设备，缺少技术支持是不能实现拍摄目标的。拍摄者可以借助各类设备来完成摄制短视频的目标，不同的设备拍出来的效果是不同的，使用方法的难易程度也随之不同，拍摄设备的选择十分重要，直接影响着作品的质量。

子任务 7.1.1 智能手机——入门小白的必备神器

自媒体的兴盛，使得每一位用户都是传播者，可以随时随地的将个人喜爱的美食、美景、身边的趣事通过智能手机快速分享传播出去。随着智能手机功能越发完善，相比于单反相机或者专业摄录设备，手机更具有便携性和灵活性。

过去，部分手机摄制的效果不尽人意，但随着技术的日益完善，各大手机厂商不断升级换代，提升技术，如今的手机可以在一定条件下达到不错的拍摄效果。体积小巧的手机，方便携带、人人拥有、不易干扰拍摄对象，可以得到比专业设备更“真实”的影像资料。手机拍摄的优势如下：

（1）隐蔽性强，人人拥有，所以使用手机摄制的时候对被摄对象的影响是最小的。

（2）景别丰富，对焦宽容性大，拍摄快捷。

（3）流程简单、操作便捷。

（4）制作周期短，手机剪辑软件智能化程度高，功能丰富，易于普及、掌握基础的剪辑技巧。

（5）文件格式大小具有优势，便于传播，可以随时上传、保存、下载、发布和交流。

手机拍摄也有以下缺点：

（1）光圈、快门调节的范围较窄。

（2）没有多种镜头配件，成像质量和效果相比专业设备存在一定距离。

（3）在光线比较复杂或者光线比较暗的情况下，高感光拍摄，颗粒感较明显，成像效果较差。

综上所述，摄制者在使用手机进行短视频拍摄时需更好地利用优势，规避不足。还需掌握一些手机小技巧，以摄制出理想的效果。

（1）对焦测光：手机的对焦与测光方式十分直接，用手指在手机屏幕上点击就可以摄录对象，进行焦点与光比的选择。

（2）焦点：视觉的中心焦点。一般是指能反映画面主题的中心焦点，其在手机短视频拍摄中的作用是让摄制者查看主体位置。如图 7-1 所示的植物案例 1。

图 7–1 植物案例 1

（3）光比：光线的明暗之比，即亮部与暗部的受光比例，简称为“光比”，是摄影用光的重要参数之一。其在手机短视频拍摄中主要用来控制整体画面亮度对比的强弱。

（4）焦点锁定：一般手机长按对焦框即锁定可拍摄对象的焦点，如图 7-2 所示的植物案例 2。

（5）光比调节：手机屏幕中的对象焦点确定后，会出现一个“太阳”小图标，摄制者可以根据画面需要自行向上或向下滑动来调节所需要的画面亮度，如图 7-3 所示的植物案例 3。

图 7-2　植物案例 2

图 7-3　植物案例 3

（6）横屏拍摄：双手握持（左右持）手机会使机身更加稳定，如图 7-4 所示，减少画面的抖动，所拍摄画面的比例一般为 16 ： 9，是主流播放平台要求的视频比例。竖屏拍摄：双手握持手机（上下持）会使机身更加稳定，减少画面抖动，所拍摄画面的比例一般为 9 ： 16。以上两种都是抖音、快手等手机视频平台软件使用较多的一种视频格式。

（7）稳定：视频摄制因为是摄录连续动作，所以要求摄制者在拍摄的时尽量保持设备稳定性（除一些特殊的需要制造出抖动的效果外）。手机整体较轻，拍摄的时候容易发生抖动，稳定是第一要求。在拍摄时可以借助其他物体稳定设备进行工作，如桌子、石台、墙壁等。

（8）收音：因为手机拍摄者距离话筒比较近，呼吸声、风声、手与手机接触的声音，在视频中都会显示出来，所以摄制者在进行手机拍摄时应尽量保持安静。

图 7-4　横屏拍摄

子任务 7.1.2 单反相机——入门人士的得力助手

数码单反相机是当下自媒体团队使用最多的摄录设备，其价格也在逐年下降，千元就可入手入门级别的单反相机。随着新技术的日益完善，新一代单反相机在功能上更加强大，被广泛地运用到各类商业摄影中，同时摄像功能也被添加到了单反相机中，如图 7-5 所示。

图 7-5　单反相机

摄制者想要更好地运用单反相机进行短视频的拍摄，就需要了解单反相机的基础知识和操作技巧。使用单反相机进行视频录制主要有以下三个方面的优势：

（1）机身轻便。

（2）价格便宜。

（3）画质、光圈等方面更加专业。

影响单反相机画质的三个方面如下。

（1）感光元件：感光元件的大小、尺寸直接影响画面成像质量。越专业的数码相机，CCD/

CMOS 的感光元件尺寸也越大。其中，CCD 是 Charge Coupled Derice 的简称，中文名称为电荷耦合器件；CMOS 是 complementary metal oxide semiconductor 的简称，中文名称为互补金属氧化物半导体。主流相机传感器大小对比如图 7-6 所示。

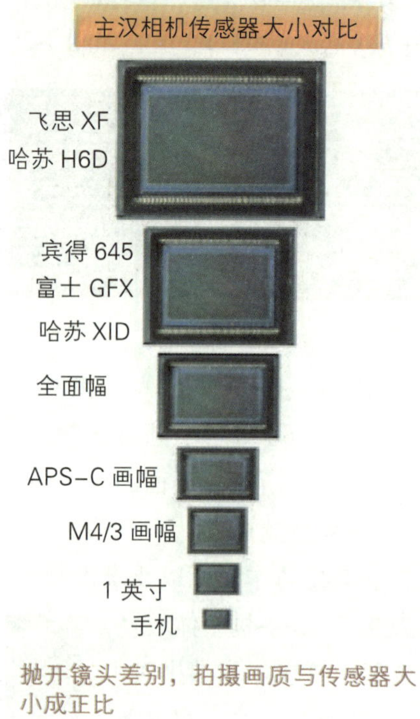

图 7-6 主流相机传感器大小对比

（2）分辨率的调整：决定画面是清晰还是更加清晰。摄制者拍摄之前需要对相机分辨率进行选择，根据不同的拍摄环境、拍摄要求、硬件等进行考虑，原则上使用更高的清晰度进行拍摄效果会更好，如使用 4K 视频分辨率进行拍摄，即后期进行压缩变成高清效果。

（3）帧速率的选择：决定画面是流畅或更流畅。帧速率是指每秒刷新图片的帧数，如图 7-7 所示，通常被描述为每秒帧数（frame per second，FPS），即每秒所显示的静止帧数。24FPS 被视为“电影”帧速率的标准。30FPS 广泛应用于北美洲、日本和南亚地区，也被称为（美国）国家电视标准委员会（National Television Standard Committee，NTSC）标准；25FPS 是欧洲、中国的广播电视级标准，也被称为逐行倒相（phase alteration line，PAL）标准。

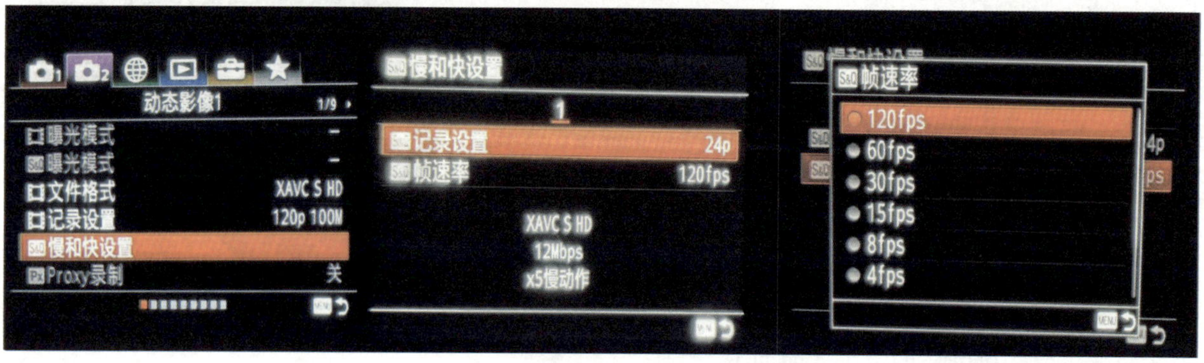

图 7-7 单反设备的帧率选择

图 7-8 所示为高频率升格拍摄散开的颜料案例。

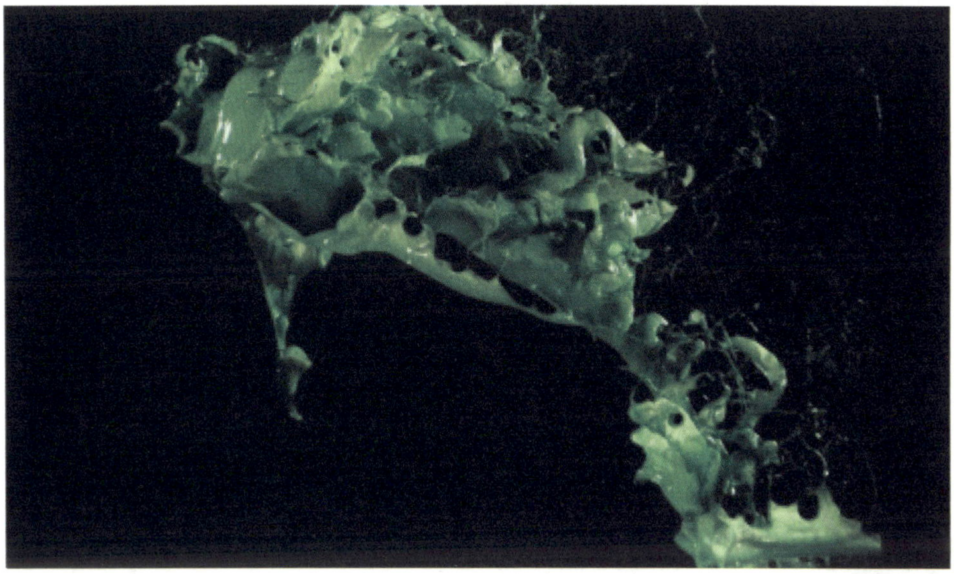

图 7-8　高帧率升格拍摄散开的颜料案例

子任务 7.1.3 摄像机——专业设备拍出高水平

摄像机在大型视频团队或者电视节目录制都会使用到。摄像机在视频效果和画面质感上表现得会比单反更为优秀一些。

不过在使用摄像机进行拍摄的时候，它相应的操作难度也会更加复杂一些。因为是更加专业的拍摄，所以在使用摄像机进行拍摄时，所需要用到的辅助工具也更多。下面介绍一款摄像机通常最优先考虑的工具：三脚架，如图 7-9 所示。

图 7-9　常规的摄像机三脚架

视频的拍摄因为是持续画面，所以对于稳定，得要求较高，三脚架最大的特点就是“稳”，所以三脚架是摄制者优先考虑的辅助工具。一款好用的三脚架对于摄制者来说会起到事半功倍的作用。

在做好了摄像机的基本准备工作后，接下来介绍利用摄像机来拍摄视频的步骤。

（1）熟悉摄像机，了解最基本的操作技巧。

（2）选择合适的滤色片，以适应不同的拍摄环境。

（3）调整黑白平衡，确保色彩的准确还原。

（4）调整焦距、确定焦点，使拍摄的主体图像清晰。

子任务 7.1.4 麦克风——动听音质引众人尖叫

视频是综合的视听感受，想要达到理想效果，除了对画面、内容上下功夫外，对于声音的处理也要认真对待。声音主要体现在两个方面：一是在后期剪辑的过程中添加的背景音乐、特殊音效的声音；二是摄制者现场录制的声音（包括直播间声音录制）。

第二种情况，即现场录制的声音需要重点阐述。

拍摄设备上，基本可以实现在录制画面的同时录制声音，声音质量的关键是麦克风（包括收音话筒），一款适合摄制者的麦克风直接关系到作品质量的高低，所以选择好适合的录制设备后，应认真对待麦克风的选择（包括收音话筒）。

选择麦克风时，除了要根据不同拍摄环境进行选择外，麦克风还应该具有以下四个特点：

（1）音质明亮清晰。

（2）灵敏度高，反应快。

（3）支持拍摄设备。

（4）操作简单。

常见的几种麦克风和收音话筒如图 7-10 至图 7-12 所示。

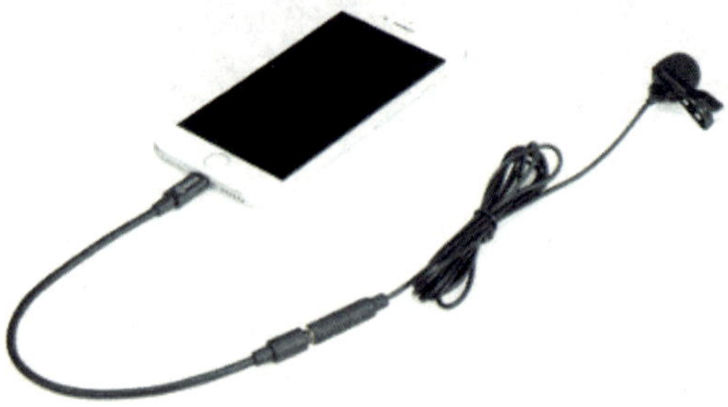

图 7-10　便携有线麦克风

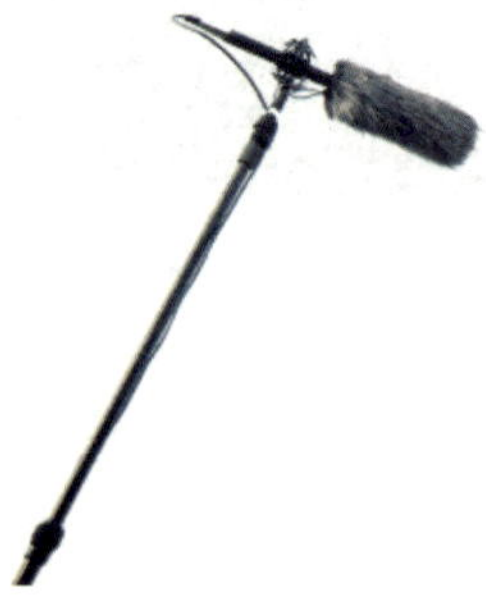

图 7-11　挑杆收音麦克风

图 7-12　无线小蜜蜂收音话筒

子任务 7.1.5 稳定器——瞬间提升摄制画面质量

面对不同拍摄场地、不同拍摄对象，摄制者拍摄时单纯使用三脚架来实现稳定是不够的，尤其在摄制动态画面的时候，单纯使用三脚架力不从心，稳定器的出现就很好地解决了这个问题。

稳定器也被称为小斯坦尼康，斯坦尼康是稳定器的鼻祖，一般在专业的电影录制中使用，因为电影制作对于画面的稳定性要求较高，每一丝抖动在大屏幕上都会显示得非常清楚，所以为了保证在运动过程中得到稳定的画面，就出现了斯坦尼康。斯坦尼康（见图 7-13）庞大的体积和高昂的价格更适合专业团队和专业的电影拍摄者使用。随着科技发展和短视频时代崛起，便携小巧的稳定器出现了，其以价格低廉、操作简便、体积小巧等优势得到了广泛的认可。可以从以下两个方面选择合适的稳定器。

图 7-13　斯坦尼康

（1）根据型号设备选择稳定器：手机、单反相机都有专属的稳定器，摄制者可以根据自身常用的拍摄设备进行选择，如图 7-14 和图 7-15 所示。

（2）根据预算选择稳定器：目前市面上的稳定器品牌较多，价格区间大，从几百到几千都有。

这里推荐几款实用的稳定器品牌：大疆、智云、飞宇。

稳定器除了保证拍摄的画面稳定外，还为摄制者打造了多种有趣的玩法，如追踪延时效果、轨迹延时效果等。同样的设备，使用了稳定器后，就能让视频的拍摄具备更多的可能性，使画面效果得到快速提升。

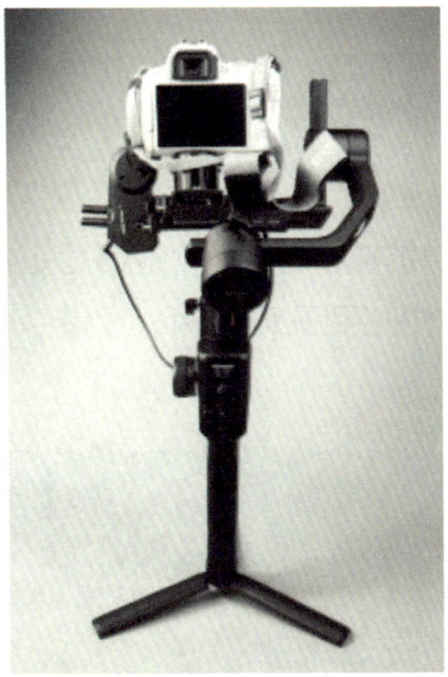

图 7-14　单反稳定器

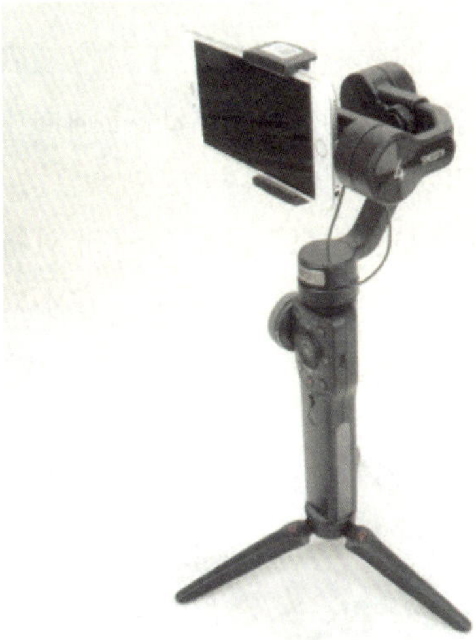

图 7-15　手机稳定器

任务 7.2　构图——凸显画面的最佳美感

视频录制与拍摄图片有许多相似之处，都需要对画面中的主体进行合适的布局，以使主题更加明确，画面更具有视觉冲击力，这就是常常提起的“构图”。在日常拍摄中摄制者需要经常总结，多种布局方法可以更准确地提升所拍摄的画面质量和美感。拍摄之前，应该注意以下三个问题：

（1）通过拍摄得到的画面所表达的主题。

（2）主题与观众注意力。

（3）简化的画面与主题和内容的关系。

子任务 7.2.1　九宫格构图——均衡画面，自然生动

九宫格构图又被称为井字形构图，是常见的一种构图方法，即将主体安排在“九宫格”交叉点的位置上，一般认为右上方的交点最为理想，其次为右下方。这种构图方式符合人们的视觉习惯，使主体自然成为视觉中心，具有突出主体并使画面趋向均衡的特点。

利用九宫格拍摄视频，可以将视频拍摄的主体放置在让观众心动的位置上，在优化视频空间感的同时，还可以突出被摄主体。九宫格构图是一种十分实用的构图方法，如图 7-16 和图 7-17 所示。

图 7-16　九宫格构图案例 1

图 7-17　九宫格构图案例 2

子任务 7.2.2 平衡式构图——动态的平衡

平衡式构图是指画面中轴线两侧景物处于对应或者平衡状态，画面结构比较完整，给人以满足的感觉。对于拍摄物体，需多个物体同时出现在画面中，构图物体间可以相互均衡，通常为两个物体，也可以有更多的物体出现在画面中。

平衡式构图拍摄视频最大的优点在于可以在非对称的物体或结构中营造出稳定画面，通过画面结构的巧妙安排，使静止画面产生动态的错觉，在不对称中达到画面平衡、和谐、对应的效果，该方法强调结构完整和画面整体效果，如图 7-18 和 7-19 所示。

图 7-18　平衡式构图案例 1

图 7-19　平衡式构图案例 2

子任务 7.2.3 S 形构图——延长、变化持续的加强

S 形构图是一种经典的构图方式，其画面上的景物呈 S 形分布，具有延长、变化的特点，画面也更具韵律感，给人一种优美、雅致、协调的感觉，如图 7-20 所示。当需要采用曲线形式表现被摄物体时，应首先应用 S 形构图。

S 形构图拍摄视频最大优点在于可以有两重含义：一种是务实，也就是表现实地景物时可以采用（如拍摄河流、小溪、曲折的山路的时候）；另一种是务虚，可以体现出不畏艰辛、坚韧不拔的信心，如图 7-21 所示。

图 7-20　S 型构图

图 7-21　S 型构图案例

子任务 7.2.4 垂直式构图——强化纵深感

垂直式构图能充分展示景物的高大和纵深，常用于表现万木争荣的森林、参天大树、险峻的山石、飞泻的瀑布、摩天大楼等，以及竖直线形组成的其他画面。

垂直式构图拍摄视频时，常用于表现大景，以增强视频画面的纵深感、立体感。在摄制中，对象的垂直很重要，不能倾斜；注意画面中物体的位置，画面不能产生偏倚；注意画面统一性和平衡感，使画面中景物组成整体，继而利用景物的高大体现出画面纵深，垂直线条更能体现高度，给人一种静穆、庄严的秩序感和稳定感，展现被摄主体大气磅礴的气势，如图 7-22 和图 7-23 所示。

图 7-22　垂直式构图

图 7-23　垂直式构图案例

子任务 7.2.5 变化式构图——空间感、立体感强

变化式构图是摄制者主观故意将主体安排在角落或一边，给人以思考和遐想的空间，留下进一步判断的余地。这种构图富于韵味和情趣，常用于山水小景、体育运动、艺术摄影、幽默照片等。

变化式构图在拍摄视频时起到延伸效果，利用画面中的透视关系增强空间感，给人思考遐想的空间，同时也加强了整体画面的立体感，画面中近大远小的事物组成的线条或者本身具有的线条更能引导观众沿着线条指向的方向去观看，将摄制者拍摄的主体置于一个生动的画面中，如图 7-24 和图 7-25 所示。

图 7-24　变化式构图案例 1

图 7-25　变化式构图案例 2

子任务 7.2.6 交叉线构图——引导视线到交叉中心

摄制者拍摄画面呈交叉线结构，景物交叉点可在画面内，也可在画面外，如图 7-26 所示。前者类似十字形构图的特点，后者类似斜线构图的特点，可以充分利用画面空间，把视线引向交叉中心，或引向画面外，具有活泼、轻松、舒展、含蓄的特点。

交叉线构图在拍摄视频时可以起到加强纵深感，让画面更具韵味的作用，如图 7-27 所示。

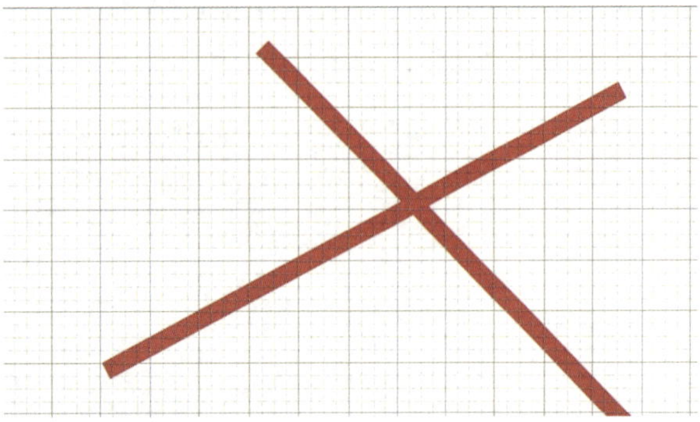

图 7-26 交叉线构图

图 7-27 交叉线构图案例

任务 7.3 操作技巧——让拍摄变得更简单的秘诀

子任务 7.3.1 拍摄技巧——视角

平视也称为平角镜头，指以拍摄者正常视线（人眼等高的位置）为基准而拍摄的镜头。它模拟人的常规视野，透视正常、构图平稳，呈现出鲜明的客观性特征。平视镜头中，地平线基本居于画面中央，起分割画面的作用；水平状的物体、线条被淡化，而垂直状的形体、线条则得到加强，如图 7-28 所示。另外，由于是平视角度，镜头整体的空间透视效果较暗淡，无法充分表现丰富的层次感；而对于叙事而言，平视镜头也许是最中性、最冷静、最常见，同时也最呆板的镜头，如图 7-29 和图 7-30 所示。对于写意而言，平视镜头因为太过正常而缺乏戏剧色彩，因此使用普遍性低。

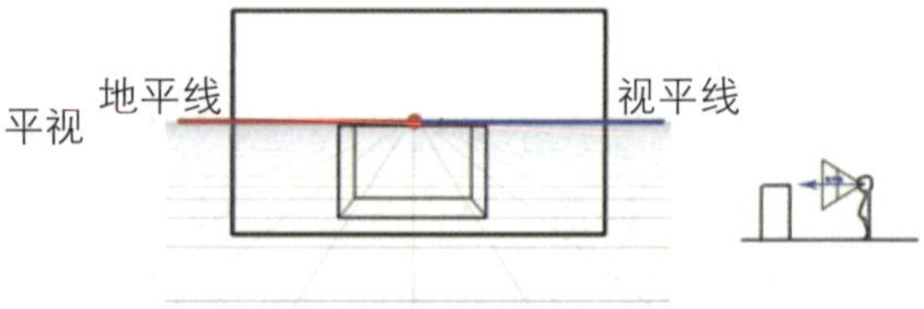

图 7-28 平视参考

图 7-29 平视拍摄

图 7-30 平视拍摄案例

仰视也称为仰角镜头，指高于水平角度，向上拍摄的镜头，属于非常规镜头。人们运用仰视镜头通常基于两种考虑：一是务实，仰角代表了人物的实际空间位置或视点；二是务虚，主要暗示或表达出拍摄对象的高大、英武、强悍、神圣等象征性含义，如图 7-31 和图 7-32 所示。

图 7-31　仰视拍摄

图 7-32　仰视拍摄案例

俯视也称为俯角镜头，指低于水平角度，向下拍摄的镜头，也属于非常规镜头。人们运用俯视镜头也通常基于两种考虑：一是务实的，俯角代表了人物的实际空间位置或视点；二是务虚，主要暗示或表达出拍摄对象的渺小、卑微、脆弱、俗气等象征性含义，如图 7-33 和图 7-34 所示。

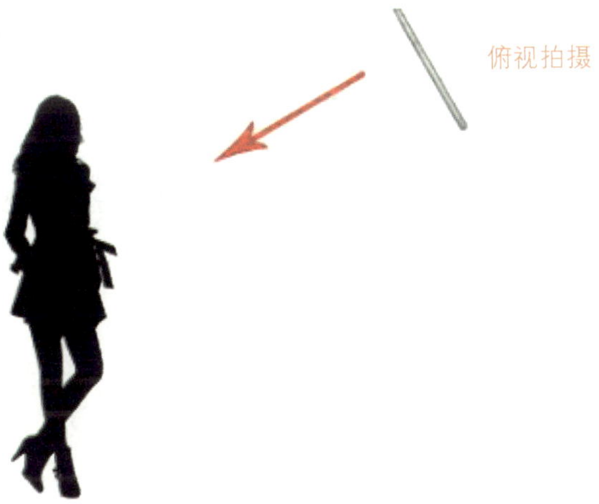

图 7-33　俯视拍摄

图 7-34　俯视拍摄案例

子任务 7.3.2 拍摄技巧——角度

正面：这是平视镜头中最具有生活真实感的镜头，再现色彩强烈。正面平视带来了构图上鲜明的对称性，造就出平和、中正、庄重的形式美，如图 7-35 和图 7-36 所示。

图 7-35　正面角度拍摄案例 1

图 7-36　正面角度拍摄案例 2

侧面：在一定程度上避免了四平八稳摄制的呆板和中规中矩的对称，显示出灵活性；而与背面镜头相比，侧面镜头又摆脱了背面镜头刻意的造型性及由此带来的强烈表现色彩，显得自然、随意，富有日常生活的气息，如图 7-37 和图 7-38 所示。

图 7-37　侧面角度拍摄案例 1

图 7-38　侧面角度拍摄案例 2

背面：在形式上与正面镜头相反。正面镜头具有直白再现的特点，背面镜头带有神秘、含蓄和表现性色彩。一方面是由于主体与观众交流的间接性，人物的背影本身具有不可知的神秘感；另一方面是由于背面镜头中常见的纵深构图形式造成的。背面角度中人物视线或运动方向大致都朝向纵深处，这就在客观上诱使观众将视觉注意的焦点落在景深上，使镜头渗透出含蓄悠远的韵味，如图 7-39 所示。

图 7-39　背面角度

子任务 7.3.3 拍摄技巧——景别

景别是指由于摄像机与被摄体的距离不同，而造成被摄体在摄像机录像器中所呈现出的范围大小的区别。一般根据距离分为远景、全景、中景、近景和特写五类，如图 7-40 所示。

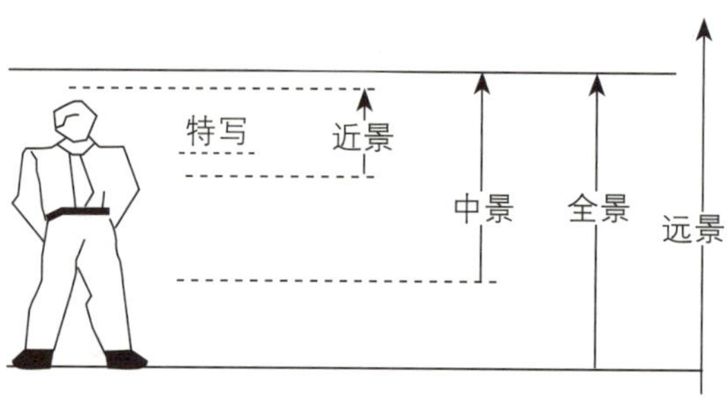

图 7-40　景别说明

1. 远景

远景镜头包含大远景和远景两种镜头形式。

大远景特指那些被摄主体与画面高度之比约为 1 ∶ 4 的构图形式，被摄主体处于画面空间的远处，与镜头中所包含其他环境因素相比极其渺小，甚至主体会被前景对象所遮挡，或短暂淹没，但这并不意味着主体丧失表现力。通过调度主体与环境的色阶、明暗关系或动静态势，通过画面构图形式中的点、线、面的关系安排，虚实对照或透视变化等方法，主体依然会成为鲜明的视觉焦点，如图 7-41 所示。

图 7-41　大远景

大远景主要用以提供空间背景、暗示空间环境与主体间的关系以及写景抒情、营造特定气氛或气势等。远景与大远景并无本质差别，主体与环境关系的处理方法也大致类似，不同之处在于主体在画面中所占比例有了一定提高，大致呈现为 1 ： 2 的高度关系，主体与画面环境之间的平衡关系也因比例的变化而发生了相应的改变，即主体的视觉形象得到了形式上的强化，如图 7-42 所示。如果说，大远景的环境具有独立性，那么，远景强调的是环境与人物主体的相关性、依存性；大远景中人物主体只是画面的构成元素之一，那么远景中的人物则是画面构成的主导因素，所以远景通常要求展示人物动作方向、行为和位移活动等，相对突出的是具体性、叙事性等功能。

图 7-42　远景

2. 全景

全景指能够摄入人物（此处以人物说明，实际可以是任意画面主体）全身的镜头。全景镜头同样分为大全景和全景两种。

从主体与画面的大小比例来看，大全景中人物主体大约占画面的四分之三的高度（见图 7-43），全景镜头中人物与画面的高度比例几乎相等（见图 7-44）。从画面的整体视觉效果看，大全景镜头里人物与景物平分秋色，景物主要是为人物动作提供具体可及的活动空间，人物举动占镜头的中心地位，而且表现更为具体、清晰。

全景因为是人物完整的全身镜头，毫无疑问，人物是画面的绝对中心，有限的环境空间完全是一种造型必要的背景和补充。全景镜头着意展示人物完整的形象、人物形体动作及动作范围，展示人物和空间环境的具体关系。

图 7-43　大全景

图 7-44　全景

3. 中景

中景指人物超过半身（膝盖以上）的镜头。注意，这里是指画面中的主体物的半身。

从画面表现内容看，中景镜头着力于展示人物上肢的动作情形、人物一般性情绪交流、人物与人物关系等；环境是局部性的，而且居于次要地位，大多处于画面后景部分，如图 7-45 所示。当人物与环境区分度不够明了时，环境时常置于焦点以外，做虚化处理。在中景镜头中，空间和整体被淡化，动作和情节被加强，体现出中景镜头叙事性的本质特征。如果把中景镜头与全景镜头做比较，可以得出以下结论：中景倾向于“描写”，而全景突出的是“叙述”。

4. 近景

近景指人物的半身（胸部以上）的镜头。注意，这里是指画面中主体物的一小部分。

由于人像占据了大部分画面，环境变得零碎、模糊，观众可以看清人物的面部表现，更容易进入人物的感情世界，如图 7-46 所示。

图 7-45　中景

图 7-46　近景

5. 特写

特写指被摄体的面部，或人物、物体某个局部的镜头。注意，这里是指画面中主体物的局部细节。

特写基本排除了环境因素，迫使观众去注意人物或物体的细节问题。巴拉兹说：“特写镜头是电影最独具特色的表现手段。它展示了这门新兴艺术的一个特点。特写镜头是‘小生活’。细枝末节和某些瞬间的‘小生活’构成了大生活。”“电影的特写镜头是突出细节的艺术，它无声地展现了重要的、本质的事物：不仅描写，而且也评价”。从画面结构形态看，特写是人物头肩部的镜头，大特写则完全是人物或景物的某一局部或细部的画面。两者都彻底虚化环境空间，具有抒情性或情绪性效果。大特写在视觉上更具强制性、造型性，产生的表现力和冲击力也更强，如图 7-47 和图 7-48 所示。特写镜头由于注重细节而忽视了总体特征，因此不可多用。

图 7-47　特写案例 1

图 7-48　特写案例 2

任务 7.4　两大技巧——实战中不可不知的秘诀

在拍摄视频时，拥有合适的拍摄设备，掌握基础的操作技巧后，要注意如何使用设备，以及如何应对拍摄时可能会遇见的各种问题，如不同的环境、场景、拍摄对象等。如果没有细致的心思和善于思考的大脑是无法摄制成功的，因此拍摄视频不仅是“能拍”，同时也要思考“如何拍”“拍什么”。

本节就视频拍摄中的小窍门、小秘诀进行总结和归纳，方便摄制者在拍摄过程中有所感悟，以快速提升拍摄水平。

子任务 7.4.1 巧借设备——快速拍出优质画面

多数摄制者都是通过智能手机的摄录功能初次接触视频拍摄，还有些摄制者直接以手机作为视频拍摄的首选设备。结合前部分的知识内容，在拍摄时，应充分发挥优势，回避不足。在拍摄中很多摄制者发现，使用同一款手机拍摄，呈现的效果区别很大，其中一个重要的原因就是画面抖动。拍摄过程中，由于自身或者跟随拍摄对象的运动，摄制者仅仅依靠双手为设备做支撑，难以保证画面的稳定性，这时借助视频拍摄稳定工具，快速提升视频质量。以下是几款入门级的稳定设备。

1. 手机视频稳定器——瞬间提高视频质量

在使用手机拍摄运动视频时，拍摄者利用专业的手机视频稳定器就可以防止出现拍摄中手机晃动导致视频模糊的情况发生，顺利进行手机视频拍摄并确保视频画面的质量。

图 7-49　主流的几款手机稳定器

手机视频稳定器一般是指手持云台，将云台的自动稳定系统应用在手机视频拍摄中，就能自动根据视频拍摄者的运动调整手机方向，使手机一直保持在平稳的状态中，无论视频拍摄者在拍摄期间如何运动，手持云台都能保证手机视频拍摄的稳定。主流的几款手机稳定器如图 7-49 所示。

手持云台质量较轻，女生也能轻松驾驭。还可以一边充电一边使用，续航时间较长，具有自动追踪和蓝牙功能，即拍即传。部分手持云台可以通过软件，连接其他智能设备，操作便捷。

2. 手机支架——手机拍摄的必备品

手机支架将手机固定在某一个地方，在解放双手的同时还能保证手机在拍摄期间的稳定，如图 7-50 和图 7-51 所示。手机支架在价格上相对于手持云台低很多，一般十几元或几十元就能买一个，对于想买稳定器，但是又担心价格太贵的摄制者而言是一个很好的选择。

使用手机支架拍摄手机视频时值得注意的是，因为支架被固定在某一个地方，所以拍摄主体对象运动范围较小。如果拍摄主体对象运动范围较大，超出了手机镜头的覆盖范围，就不适合使用手机支架了。手机支架多用于主体小范围运动的拍摄。

手机三脚架的作用等同于摄像机三脚架，但在操作上稍有不同，如图 7-52 所示。大部分手机三脚架具有蓝牙和无线遥控功能，可以解放拍摄者双手，远距离实时操控。手机三脚架可以自由伸缩，满足某区间内不同高度环境下的视频拍摄。在价格方面，手机三脚架比摄像机三脚架和手持云台低廉，但比手机支架要昂贵一些。

图 7-50　手机支架 1

图 7-51　手机支架 2

图 7-52　手机三脚架

子任务 7.4.2 对象选择——拍出短视频的中心

视频的拍摄除了要清晰地展现视频拍摄的主体以外，还要明确体现视频想要表达的主题，有中心思想的视频才有“灵魂”。纵观经典影片，每一部都是因为有“灵魂”，才使其历久弥新，这正体现了视频拍摄主题的重要性。

要想表达视频的中心思想，就需要视频呈现良好的画面，而要呈现良好的画面，就必须将视频拍摄的主体拍摄好，只有对主体有清晰展现，才能保证视频中心思想被更清晰地表达与传递。

1. 拍摄主体的选择——轻松展现主题

所谓主体，是指视频所要表现的主题对象，是反映视频内容与主题的主要载体，也是视频画面的重心或中心。在视频拍摄中，主体的选择十分重要，关系到拍摄者想要表达的中心思想能否被准确且正确地表达。一般来说，可以更好地展现出视频拍摄主体的方法主要有两种：一种是直接展现视频拍摄的主体，在视频拍摄时，直接将想要展现的拍摄主体放在视频画面最突出的位置，如图 7-53 所示；另一种是间接展现视频拍摄主体，通过渲染其他事物来表现视频拍摄主体，主体不一定要占据视频画面中很大的面积，但要突出，占据画面中关键的位置，如图 7-54 所示。

图 7-53　主体 1

图 7-54　主体 2

拍摄者想要展现的中心思想要通过视频拍摄的主体来表达，这就要求视频画面的主体必须被准确展现，将其放置在视频画面中的突出位置，才能引起观者注意，起到表达主题的作用。

在展现视频拍摄主体时，采用直接展现的方法，一般使用比较多的构图方式是主体构图或中心构图，拍摄的视频主体充满视频画面，或者将其置于视频画面的中间位置，让画面中的主体占据较大面积，使用明暗对比或色彩对比衬托主体。拍摄者想要间接展现视频拍摄主体，一般可采用九宫格构图或三分线构图的方式摄制，将主体置于偏离视频画面中心或十分突出的位置。

2. 拍摄陪衬的选择——侧面烘托中心

陪衬也就是视频拍摄中的陪体部分，是指在视频画面中对拍摄主体起到突出与烘托作用的对象，如图 7-55 所示。在视频拍摄中，主体与陪体相辅相成、相互作用，使得视频画面层次更加丰富，也使视频的主题随着主体与陪体的相互作用不断增加。

图 7-55　陪体

大多数情况下，视频画面中出现的陪体往往不可或缺，一旦陪体被去掉，视频画面的层次感就会降低，与此同时，视频想要表达的主题也就随之减少甚至是消失。这说明在视频拍摄中，一旦出现了陪体，那么陪体的作用就不可小觑。

在进行视频拍摄的时候，如果准备在视频画面中加入陪体，需要注意陪体所占据的视频画面的面积不可大于视频主体。要合理调整主体与陪体之间的位置关系和色彩搭配，不可“反客为主”，使视频主体失去主导地位。

3. 拍摄环境的选择——整体突出主体

视频拍摄中所说的拍摄环境，严格意义上来讲与视频拍摄的陪体非常类似，也是在视频中对视频拍摄主体起到说明的作用。拍摄环境有前景和背景两种形式，主要是对视频拍摄主体进行解释、烘托和加强，也可以在大程度上加强观众对视频主体的理解，让视频的主体更加清晰明确。

拍摄环境几乎是所有视频都不可分割的重要部分，一般来说，如果只是单单对视频拍摄主体进行展示，很难对中心思想进行完美表达，而加上拍摄环境就能让观众清晰视频拍摄主体，更容易清晰拍摄者想要表达的思想与情感。

对于视频拍摄中的环境选择，大致从前景与背景两方面进行分析。前景是指在拍摄视频时位于视频拍摄主体前方或者靠近镜头的景物，前景在视频展示中能起到增强视频画面纵深感和丰富视频画面层次的作用。背景是指位于视频拍摄主体背后的景物，让拍摄主体的存在更加和谐、自然，同时对视频拍摄主体所处的环境、位置、时间等进行说明，更好地突出主体，营造视频画面的气氛，如图 7-56 和图 7-57 所示。

图 7-56　突出主体

图 7-57　背景

4. 拍摄时间的选择——及时抓住时机

对于视频拍摄来说，拍摄时机很重要。一方面，世间万物都有其自身的时节，一旦错过了，就不得不等下一次机会，例如，想要拍摄荷花，就必须夏天拍摄；想要拍摄露珠，就必须清晨或傍晚拍摄，在进行视频拍摄时，要注意抓住时机。

图 7-58　白天和晚上的大桥

另一方面，对于同一个视频拍摄主体来说，在不同时间点拍摄的视频画面所呈现出来的效果也是完全不同的，图 7-58 所示为白天和晚上两个不同时段拍摄的同一座大桥，可以看出两个视频中所呈现的画面感是完全不一样的。

任务 7.5　5 个步骤，让短视频拍摄成为小菜一碟

通过上述章节，学习了设备、构图、摄制效果，人们还需要了解拍摄视频的流程。

子任务 7.5.1 团队组建——关于“人”的选择

这是拍摄视频流程的第一步，其重点是“人”，组建一个短视频的拍摄团队不是一件容易的事，在组建团队之前，需要明确以下几个问题：

（1）哪些人符合所需？

（2）如何寻找这些人？

（3）如何分工确定？

第一个问题：哪些人符合所需？

视频拍摄团队人员是根据工作内容进行决定的，团队主要包括策划、拍摄、表演、剪辑、包装及运营等。例如，拍摄的短视频内容为美食垂直类，每周计划推出 3 集内容，每集为 1~2 分钟，此时需要 2 或 3 位工作人员就可以了，他们分别负责编导、拍摄剪辑、运营等岗位。

第二个问题：如何寻找这些人？

虽然短视频属于新兴行业，专属的从业人员相对较少，但视频行业由来已久，有大量的从业人员。在经过短暂针对性强化后，可以从事短视频类工作。遵循相应的流程，就可以招聘到合适的员工。

第三个问题：如何分工确定？

（1）编导：团队的负责人，决定短视频的发展方向。从团队起步阶段，编导就要控制好项目的大方向，策划出一系列内容、定位、领域，并结合短视频数据分析，给出具体的落地方案，指导团队持续创作优质内容。

（2）拍摄剪辑：想要将创作的文字通过视频画面的方式呈现出来，就需要技术人员参与。他们可以通过学习基础拍摄技巧，研究新特效或者风格，提升技术水平和速度，为团队提供更好的技术支持。

（3）运营：一个专业短视频团队，有编导的引领，还须配置一名业务过硬的运营人员。运营一定要具备敏锐的网感，用以把握平台调性，要求能够准确把握推荐机制、盈利方式、热点爆点。一位合格的运营人员，要做好文案创作和表演，创作出优质的内容，做好推广工作，运营人员的工作内容，决定了账号内容的优劣、粉丝的黏性，所以至关重要。

子任务 7.5.2 剧本策划——有关“内容”的打造

内容是短视频的核心，“思想指导行为”，打造一个优质的短视频 IP，先要做的就是 IP 的定位，无论是短视频还是文字、图片，其实质上都是以内容为重的。

策划剧本就像写小说，有主题思想、开头、中间及结尾，情节的设计就是让文字展现得更好看、更跌宕起伏。

（1）开头：开场画面、人物铺垫、确立主题、对立发展、承接开始。

（2）过程：承接结束、故事发展、重要转变、危险逼近、深渊时刻、灵魂抉择、故事高潮。

（3）结局：大结局、主题升华。

短视频编剧除了故事情节内容上要多思考之外，在台词、角色等方面也要多斟酌。

台词的打磨：台词设计要合理，和角色的定位切合。短视频因为时间较短，所以在剧情设计中台词的设计安排要更具爆发力和明确性。

子任务 7.5.3 视频拍摄——正式“开拍”重实践

这一步是在完成了准备工作后展开的，根据剧本的内容方向进行。其重点在于“拍”，在整个视频工作流程中属于执行阶段，并不是拿着策划好的剧本就能立即开始拍摄，在开拍摄前还要做好相关的准备工作。如果有拍外景的需要，要提前对拍摄地点进行勘察，要提前查看天气是否符合剧本的拍摄要求，因为视频拍摄需要团队协作，提前做好准备工作是非常有必要的。

（1）制定好拍摄计划并对拍摄时间进行合理安排。

（2）确定好拍摄场景并提前准备好相关道具。

（3）根据拍摄的客观条件来调整剧本中的相关内容。

在拍摄短视频时是需要完备条件的，设备、人员、内容，三者缺一不可。

（1）设备：拍摄的工具及辅助工具，如智能手机、单反相机等。

（2）人员：演员、拍摄人员及相关的工作人员等。

（3）内容：文学剧本，包括台词和人物定位等。

这是团队工作中非常重要的一个环节，决定了摄制者能否准确地将文字转变成视频画面。这个环节的工作量比较大，即使是自导自演的低门槛短视频，也要耗费巨大的心血，因为它是将想法付诸实践的第一步。

子任务 7.5.4 剪辑包装——后期制作显“光彩”

在视频基本制作完成以后，就进入后期制作环节。这一步骤的重点在于“包装”，好的剪辑包装能快速地引起他人注意。

对于视频而言，剪辑是不可缺少的重要制作环节。后期剪辑中，需要注意素材之间的关联性，如镜头运动的关联、场景之间的关联、逻辑的关联及时间的关联等。对短视频进行剪辑包装时，不仅要保证素材之间有较强的关联性，其他方面的点缀也是不可缺少的。

（1）音乐：添加背景音乐或者适时的环境音，有利于渲染视频的氛围。

（2）特效：视频特效的作用在于让画面变得更具趣味性，从而吸引观众的目光。

（3）字幕：帮助观众理解视频内容，突出重点内容，并完善视觉体验。

剪辑本身也是一门有趣的艺术，短视频工作者利用空闲时间多多练习，体会其魔力。

子任务 7.5.5 上传发布——与人“分享”的快乐

短视频包装完毕后，就开始最后一步操作——上传发布，即“分享”。作品只是完成了，没有让更多人知晓，就没有达到真正意义上的成功。与他人分享，才能知道作品有没有达到理想的效果。

短视频的上传和发布较为简单，渠道、平台多且广，手机拍摄的视频上传和发布就更为简单，按照操作指示进行就可以了。

发布视频作品时，需要对各大视频平台进行简单分析，如观看人群、年纪分布等观众画像，再根据视频内容，分主次进行发布，这样才能让视频内容得到更快更有效的传播。

项目 8

手机平台，玩转短视频拍摄

项目目标

（1）了解手机的六个热门应用。

（2）学会五种手机拍摄技巧。

项目结构

任务 8.1　六个热门应用，助力短视频拍摄更上一层楼

任务 8.2　五种拍摄诀窍，于细节处窥出作品成败

任务 8.3　五种自拍新招，简单操作打造唯美效果

项目导入

目前，短视频活跃在多种社交平台上，如大众常用的微信、微博、快手等，从微信、微博中大量上传的短视频可以得出结论，移动端的短视频在新媒体运营中也非常重要。手机给大众带来的不仅是照片拍摄，还包括视频拍摄，以及相关的编辑功能。目前，播放平台上借助各类制作工具制作短视频，并通过手机发布，扩大大众信息的传播范围。

任务 8.1 六个热门应用，助力短视频拍摄更上一层楼

通过手机短视频摄制，可以联想到手机上所有的 App 功能，这些 App 不仅提供拍摄短视频的平台，更让短视频的摄制简单可行、丰富多彩。以下将为短视频制作者介绍几款热门 App，借助 App 可以让短视频摄制效果更精彩。

子任务 8.1.1 美拍——多种选择，简单可行

美拍 App，通过手机商店即可下载。该软件自问世以来在相关的软件中排名前几，下载 6284 万余次（应用商店数据显示），如图 8-1 所示。

图 8-1 美拍 App

1. 特色

美拍 App 拥有以下特色。

（1）微博平台中话题阅读量最多。

（2）“全民社会摇”广场活动参与用户最多。

（3）“扭秧歌”春节拜年活动用户规模最大。

（4）美拍 App 主打“美拍 + 短视频 + 直播 + 社区平台”模式，从拍摄短视频到分享，形成了一条生态链，足以使美拍用户积蓄足够的粉丝量。

2. 功能

美拍 App 具有以下功能。

（1）视频导入：美拍 App 除了可以拍摄手机短视频之外，还可以导入手机中的其他软件拍摄的短视频，再进行编辑。

（2）拍摄调整：拍摄调整包含“美颜”“延时拍摄”“音乐”及“闪光灯”等功能。摄制者在拍摄视频前，可以对相应的选项进行适当调整，以达到理想摄制效果。

（3）滤镜更换：众多风格不一的滤镜可以让视频秒换装，达到有趣的视频效果。

（4）魔法美拍：可自拍，也可拍摄其他事物，或使用各种表情贴图，使视频拍摄更加有趣。

（5）直播功能：美拍直播功能十分强大。直播中能够与粉丝互动，如通过礼物环节使用户与主播之间双向互动。

（6）调整摄像头：可以将摄像头调整为前置摄像头或后置摄像头。

（7）拍摄按钮：使用者单击该按钮即可进行短视频的拍摄，操作十分简单。

（8）素材参考：美拍拥有“灵感库”，帮助用户进行拍摄题材的选择。

特别提醒：美拍 App 主打直播和拍摄，虽然对拍摄视频的时长做出了相应的改变，但对用户还是有所限制，用户不能自定义视频拍摄时长。在使用美拍 App 摄制时，应注意视频拍摄时间的把握。

子任务 8.1.2 Faceu 激萌 App——表情自拍、百变精灵

Faceu 激萌 App 是一款由脸萌团队发布的集图片自拍与短视频自拍为一体的拍摄软件，主打表情自拍，包括表情图片自拍、表情视频自拍两种形式，可以对用户脸部进行表情变形，达到新奇和有趣的自拍效果，如图 8-2 所示。

1. 特色

Faceu 激萌 App 被称为“卖萌神器”，其最大的特色是表情自拍，内含多款动态表情，猫咪表情是“萌中圣品”，如图 8-3 所示。Faceu 激萌 App 的主要目的是让用户用新的“世界”，重新审视“萌萌哒”的自己，展示自己。

2. 功能

Faceu 激萌 App 主打表情自拍，如图 8-4 所示。

（1）拍摄设置：Faceu 激萌 App 中的拍摄设置包含“触屏拍摄”“延时拍摄”“闪光灯”“相机设置”等功能。

（2）图像导入：图像导入包含图片导入与视频导入两种，可以将不是由 Faceu 激萌 App 拍摄的图片与视频素材导入 Faceu 激萌 App 中使用。

（3）表情添加：为图像或者视频添加动态表情贴纸。

（4）视频拍摄：通过单击按钮操作就可进行视频拍摄。

（5）调整摄像头：将摄像头调整为前置摄像头或者后置摄像头。

（6）滤镜添加：为视频或图像的拍摄添加实时滤镜，转换各种风格。

（7）表情包制作：表情包 DIY 选择使用户可以自行制作，具有很强的参与性与趣味性。

（8）社区交流：用户可以在 Faceu 激萌 App 中与好友进行聊天互动，结识“志同道合”的朋友。

特别提醒：拍摄者在使用 faceu 激萌 App 拍摄视频时，对时长要特别注意，因为软件对时长进行了限定，避免因时长问题无法达到预期效果。

图 8-2　激萌

图 8-3　激萌案例

图 8-4　Faceu 激萌 App 软件展示

子任务 8.1.3 抖音 App——专注于音乐、动感节奏

抖音 App 是一款由北京微博视界科技有限公司开发专注于 15 秒音乐短视频的拍摄软件。

相对于其他短视频拍摄软件而言，抖音 App 犹如一股清流，抛弃了传统的短视频拍摄模式，转而专注于音乐短视频摄制，是音乐、画面相结合的展示软件。抖音 App 中音乐节奏感明朗强烈，非常受追求个性和自我的用户追捧。

1. 特色

抖音 App 在视频的呈现方式上拥有亮点且另辟蹊径，以音乐为主题进行视频拍摄，是其最大的亮点。

2. 功能

抖音是一款用音乐作为陪体摄制视频的软件。单击图标即可进入其功能界面，其具有以下功能。

（1）上传视频：将已经摄制好的视频上传到抖音 App 的平台上。

（2）选择音乐：可录制与音乐相匹配的视频。

（3）音乐分类：将音乐类型进行系统性划分，方便有不同喜好的用户选择所喜欢的音乐类型进行视频摄制。

（4）热门音乐：摄制时可下载流行度高、传唱度高的音乐。

（5）拍摄：选择音乐后，直接进行拍摄，操作简单。不想选择音乐时也可直接单击进入拍摄界面，进行摄制。

（6）收藏音乐：用户可以将喜欢的音乐收藏，以便日后拍摄视频时直接从“我的收藏”中选择。

（7）本地音乐：用户手机中拥有的音乐可以进行选择。

特别提醒：抖音 App 主打音乐短视频，类型过于固定，局限于音乐短视频的类型。用户拍摄除音乐视频作品外的其他类型视频时，就显示出明显的不足。

子任务 8.1.4 火山小视频 App——多种特效、量身打造

火山小视频 App 是由北京微博视界科技有限公司发布的一款主打 15 秒短视频拍摄的手机视频软件。2020 年与抖音整合，并更名为抖音火山版，但除图标变化外，功能上仍以火山小视频为主。

火山小视频 App 在应用下载商店中十分受欢迎，其功能主要以视频拍摄和视频分享为主，如图 8-5 所示。

图 8-5　火山小视频 App

1. 特色

火山小视频 App 是 2017 年热度较高的一款短视频拍摄软件，其最大的特点是做 15 秒的短视频，提供了超多滤镜特效打造视频效果，可以随时随地进行视频拍摄、美颜直播，可以与粉丝零距离互动。此外，火山小视频 App 还能根据用户的习惯分析展现的视频，为用户量身推荐相关视频。

2. 功能

火山小视频 App 主打视频拍摄，主要具备以下功能。

（1）背景音乐：为视频添加背景音乐。

（2）表情贴纸：为视频画面添加动态表情贴纸。

（3）点击拍摄：单击该按钮即可进行视频摄制。

（4）拍摄设置：调节拍摄镜头快慢、倒计时时长等。

（5）调整摄像头：将摄像头调整为前置摄像头或后置摄像头。

（6）美颜拍摄：在美颜拍摄当中，可以对视频进行“大眼瘦脸”“滤镜”“美颜”等方面的调整。

（7）直播功能：用户单击即可进入，粉丝可以为主播送礼物、对主播进行打赏等。

特别提醒：火山小视频 App 诞生于短视频软件满天飞的时代，与市面上众多的短视频拍摄软件相比较，其实并无十分突出的亮点。但是在拍摄完整的视频后，编辑功能之中却有独一无二的“抖动”“黑魔法”“70 年代”“灵魂出窍”“幻觉”五款处理特效，让视频充满个性化风格。

子任务 8.1.5 “秒拍”App——文艺潮流、悬赏玩法

秒拍 App 是由北京科技有限公司发布的一款集视频拍摄、编辑、发布功能于一体的短视频拍摄软件。

秒拍 App 有五种视频频道，能帮助不同的用户选择各自喜好的视频进行观看，在风格上偏向于文艺化与潮流化，有“文艺摄像师”之称。秒拍 App 如图 8-6 所示。

图 8-6 秒拍 App

1. 特色

秒拍 App 最大的亮点是免流量看视频，这为众多的用户选择秒拍 App 奠定了基础。秒拍 App 的悬赏玩法也是秒拍 App 吸引更多用户的又一大特色。

2. 功能

秒拍 App 具有以下功能。

（1）视频拍摄：单击该按钮之后即可进入视频拍摄界面进行视频拍摄，除拍摄视频外，还具有编辑功能，在视频导入后可自动为视频添加背景音乐、更换背景音乐。编辑功能中有充满“文艺范”的滤镜，使视频观看更加充满艺术感与青春感。

（2）直播链接：单击该链接即可进入视频的直播界面，将视频分享到秒拍平台上，供更多的观者观看及打赏，获得更多的粉丝量及礼物。

子任务 8.1.6 逗拍 App——幽默搞笑、H5 制作

逗拍 App 是由深圳市大头兄弟文化传播有限公司发布的一款集视频拍摄、编辑和发布于一体的短视频拍摄软件。

逗拍 App 软件在发布初期因大头恶搞视频而声名大噪，连续多次位居短视频拍摄与下载量的榜首，整体风格偏向于轻松搞笑，很受人们的欢迎，如图 8-7 所示。

图 8-7 逗拍 App

1. 特色

逗拍 App 最大的特色就是“逗”：以大头恶搞使短视频的呈现方式有区别于其他短视频制作软件。逗拍 App 拥有 14 种不同的场景，除了大多数的视频软件都可以拍摄的搞笑场景、娱乐场景等常见的场景以外，还可以拍摄团队招聘、招商引流、活动邀请等具有商业性质的视频，并且具有其他视频软件所没有的 H5 功能，更加适合中小企业的招聘宣传。

2. 功能

逗拍 App 作为一款短视频拍摄软件，与其他短视频拍摄软件有所不同。

（1）高清拍摄：一键实现高像素视频拍摄。

（2）鬼畜视频：制作容易，洗脑且节奏感、韵律感强的视频。

（3）视频编辑：对视频进行编辑。

（4）视频模板：拍摄风格提供选择，也可以直接套用现成模板。

（5）图片视频：将一张张图片变成一段一段视频，如 MV 一般。

（6）保存草稿：操作之后没有保存发布的视频可以保留在草稿箱之中，以便日后进行查询。除了以上主要功能以外，逗拍 App 的视频编辑功能也很出色，可为视频添加贴纸、水印、配音与滤镜等。逗拍 App 的 H5 大片制作功能将视频拍摄与 H5 的功能融合在一个软件之中，让 H5 的制作变得更加简单。

特别提醒：逗拍 App 的视频拍摄功能在视频拍摄时长上有相应的限制，分为 15 秒的短视频、30 秒的短视频和 60 秒的短视频，且对视频画面尺寸有调节限制，只有竖屏与正方形屏幕两种选择。

以上介绍了常见的短视频制作软件，虽然拍摄者使用手机拍摄短视频非常的简单，也很容易操作，但还是需要借助很多其他 App 的帮助。值得注意的是，摄制者如果想要拍好一个短视频，只靠软件提供的基本功能还不够，因为拍摄过程中会遇到各种各样的问题，有些是不可预知的。摄制者要用手机拍出优质的短视频，需要从细节处找技巧，细节决定作品的成败。下面的章节将从十个方面详细阐述智能手机摄制优秀短视频的方法。

任务 8.2　五种拍摄诀窍，于细节处窥出作品成败

子任务 8.2.1　设置分辨率——轻松获得高清画质

分辨率是这部分内容说明的重点，它是指在显示器或图像表现的精细的程度，单位为“像素”。像素可以细分为“显示分辨率”和“图像分辨率”。显示分辨率是指显示器所能显示的像素的数量，像素越多，显示就越加清晰，像素越少，显示就越模糊。图像分辨率的定义接近分辨率定义的原始定义，即每英寸所含的像素。例如，分辨率为 640 × 480，则表示为水平方向上有 640 个像素点，竖直方向上有 480 个像素点。实操中可以通过设置分辨率，决定手机拍摄视频画面的清晰程度。分辨率越高，画面就会越清晰，反之越模糊。现在市场上的手机多种多样，不同品牌、不同样式的手机在拍摄短视频的时候，分辨率各不相同，希望摄制者能够根据自身手机的实际情况进行适当的调整。

对焦，是指在用手机拍摄视频时调整好焦点的距离。对焦准确与否决定了视频主体的清晰程度。在智能手机中，手机视频拍摄的对焦方式主要有自动对焦和手动对焦两种。自动对焦是手触摸屏幕某处的触点就可以完成自动对焦。手动对焦一般通过设置快捷键来实现对焦。下面以一款手机为例展示拍摄时的对焦设置方式。

1. 自动对焦设置

自动对焦的设置步骤如下：

（1）打开手机相机功能，单击“录像”图标进入其工作界面。

（2）单击“拍摄”图标进入录像设置界面。

（3）点击画面中的具体位置，实现视频拍摄自动对焦，如图 8-8 所示。

图 8-8　自动对焦

2. 手动对焦设置

手动对焦需要设置对焦快捷键，一般将音量键设置为快捷键，设置步骤如下：

（1）打开手机相机功能，单击“录像”图标进入录像设置界面。

（2）单击音量键功能按钮。

（3）选中“对焦”单选按钮即可将其音量键设置为手动对焦快捷键，如图 8-9 所示。

图 8–9　手动对焦

摄制者在用手机拍摄视频时，除了完成对焦功能之外，还可以进行自由变焦。例如，将远处的景物“推上去”“拉出来”后再进行视频拍摄。采用变焦拍摄的好处是免去了拍摄距离过远的麻烦，摄制者只需站在同一个地方就可进行远处景物的摄制。摄制者打开手机相机，单击“录像”按钮，进入视频拍摄界面后，手指触摸屏幕并滑动就可进行视频拍摄的变焦设置了。

特别提醒：在手机录制视频过程中，使用变焦功能，要把握好变焦的程度。远处景物会随着焦点的推进而不清晰，所以为保证视频画面的成像质量，变焦要适度。

3. 分辨率设置

分辨率设置是摄制视频中重要的一环，手机拍摄视频的分辨率有许多种，常见的主要有 480p、720p、1080p 及 4K 四种。

（1）480p（标清）分辨率：当今视频中最为基础的画面分辨率。480 代表垂直分辨率，有 480 条水平扫描线。p 是 progressive 的缩写，代表逐行扫描。480p 分辨率，无论是拍摄视频，还是观看视频时都是属于流畅、清晰度一般的分辨率，但占据的手机内存较小。在播放时对网络速度方面要求不高，即使在网络条件不好的情况下，480p 的视频基本上也能正常播放。

（2）720p（高清）分辨率：表达方式为 HD720p，较为常见的一种分辨率。采用该分辨率拍摄的视频声音具有立体声效果，这一点是 480p 无法做到的。无论是视频拍摄者还是观众，如果对音频效果要求较高，就可以采用 720p（高清）分辨率进行视频摄制。

（3）1080p（全高清）分辨率：在众多智能手机中表示为 FHD1080p，FHD 是 Full High Definition 的缩写，意为全高清，比 720p 所能显示出的画面清晰度更胜一筹，对手机内存要求更高。1080p 延续了 720p 所具有的立体声功能外，还具有较好的画面效果，在展现视频细节方面，1080p 有较大的优势。

（4）4K（超清）分辨率：手机中表示为 UHD 4K，UHD 是 Ultra High Definition 的缩写，意为超高清，简称为超清。它是 FHD 1080p 的升级版，分辨率达到了 3840 × 2160，是 1080p 的数倍。采用 4K（超清）分辨率拍摄视频，无论是画面清晰度还是声音展现，都有极强的表现力。

子任务 8.2.2 选择尺寸——不同风格，不同画幅

手机视频摄制过程中，拍摄者会根据不同场景、不同拍摄主体，以及想要表达的思想来适当变换画幅。画幅，在一定意义上影响着观众的视觉感受，很大程度上影响着手机视频的优劣，为视频选择合适的画幅是拍摄手机视频的关键。VUE App 是由北京跃然纸上科技有限公司开发的一款视频软件，主打朋友圈小视频拍摄，拥有冲击力的竖画幅、横画幅、圆形画幅、宽画幅、超宽画幅、正方形画幅等多种泛画幅供拍摄者选择使用。

子任务 8.2.3 保持稳定——避免画幅晃动模糊

视频拍摄者在拍摄视频的过程中，想要保持手机视频拍摄的稳定，除了使用必要的手机稳定工具以外，还有很多小技巧。

1. 物体作为支撑点稳定拍摄

在日常生活中可以用作支撑的物体有很多，支撑物能够让手臂与其形成稳定的三角形即可。例如，在室内拍摄时，可以利用椅子，桌子等；而在户外进行手机视频拍摄时，可以利用较大的石头、户外长椅、大树等能够支持双手或身体的物体。

2. 正确的拍摄姿势可以避免抖动

拍摄者使用手机拍摄视频时，直接手拿拍摄的条件下，如果希望让视频画面稳定，那么拍摄姿势就十分重要了，身体稳才能保证手机正，因为如果时长过长，僵硬的姿势会导致身体不适，如身体长时间倾斜，不仅颈部易发酸就连手臂也会因发僵而抖动，导致视频画面晃动不清晰。正确的姿势应是那些重心稳定且身体舒服的姿势。例如，正面拍摄视频时，趴在草地上，身体重心低，不易倾斜，方能确保拍摄视频手机的稳定。

3. 稳定的拍摄环境利于拍摄

摄制者在视频拍摄过程中，寻找稳定的拍摄环境，会对手机视频画面稳定起到重要的作用。一方面，稳定的环境能确保视频拍摄者自身的人身安全。另一方面，稳定的环境能给手机较为平稳的工作环境，使拍摄者拍出的画面呈现相对稳定的视频画面。容易影响视频拍摄的因素有很多，如拥挤的人群、湖边悬崖处的大风等都会给手机拍摄带来很大的阻碍。

子任务 8.2.4 清理镜头——保持画面的洁净度

清理镜头是指对镜头外观整洁的清理，要求干干净净，没有污垢。手机的后置镜头多采用“突出”设计，屏幕朝上的放置方法容易使手机后置镜头沾上灰尘、污垢，或磕到硬物造成镜头损毁。以上情况的发生，不仅使镜头的成像质量降低，还会腐蚀镜头，严重时会导致无法工作，所以对手机镜头的清洁十分重要。

定期对手机的镜头进行清理，尤其是后置镜头，这样做一方面是对镜头的保护，另一方面是为了及时将手机后置镜头上的灰尘、污垢及时清除掉，以便更好地进行视频拍摄，清洁过后拍摄的视频画面会更加清晰。

特别提醒：镜头要定期清理，如果过分清理，有可能对手机镜头造成一定的损伤。在生活中使用手机时应有意识地保护镜头，切莫让手机进入油烟较重或者灰尘、污垢较多的地方。

子任务 8.2.5 设置静音——尽量保持安静氛围

呼吸也会影响视频拍摄的画质。呼吸会引起胸腔的起伏，一定程度上带动上肢，所以呼吸也会影响视频摄制画面质量的呈现。

呼吸是急促还是平缓都会影响上肢运动的幅度，呼吸急促，声音较大，双臂运动的幅度也会增大，所以控制好呼吸在一定的程度上会增强视频拍摄的稳定性，以及提高视频画面的清晰度。摄制者双手端举手机拍摄的情况下，呼吸影响就更容易产生，要想保持呼吸平稳而均匀，那么在视频拍摄之前就不可做剧烈的运动，或者等呼吸平稳之后再拍摄。摄制者在拍摄过程中要保持呼吸的平缓与均匀，做到小、慢、轻、匀、声小，身体动作慢，呼吸轻，保持视频画面相对稳定。

特别提醒：摄制者在视频拍摄过程中，除对呼吸进行控制之外，还应注意手部动作及胸部动作的稳定。身体动作过大或者过多会引起手机摇晃，最好呼吸能与平稳均匀的身体动作保持一致。

任务 8.3 五种自拍新招，简单操作打造唯美效果

短视频的出现让越来越多的人不再满足于静态式自我展现，很多人开始以短视频这种新方式来展示自己，自拍模式也逐渐流行起来。照片已不再是展现自我的唯一途径，自拍短视频更能展现魅力。

子任务 8.3.1 自拍杆 + 遥控——便捷舒适的高性价比之选

以自拍杆完成自我视频的拍摄十分常见。摄制者在进行视频拍摄时，单靠双手端举手机进行拍摄很难达到好的视觉效果，拍出的视频中呈现一种不完整的“自己的画面”，此时最好的视频拍摄方法就是利用辅助工具。自拍杆是一个很好的选择，其具有以下优点：

（1）价格便宜，相对于高档视频拍摄辅助器来说，自拍杆是实惠的选择。

（2）自拍杆长度在一定区间内可以自由调节，可以调节身体入镜面积的大小。

（3）自拍杆将人与手机镜头的距离拉长了，使人不再局限于镜头近的范围，身体灵活性增强了，动作幅度也可以随之增大。

自拍杆的安装较简单，只需要将手机放在自拍杆的支架上，调整好支架下方的旋钮就可固定手机。支架通常会采用一些软性的材料，手机容易固定而不伤手机，市面上大部分自拍杆都有遥控功能，采用 3.5 毫米耳机插孔或电源孔连接手机，拍摄视频前将自拍杆上的插头插入手机的耳机插孔或电源孔中就可以对手机进行遥控操作，无须进行软件设置。

特别提醒：自拍杆虽然能增大人体的入镜面积，但自拍杆长度始终有限，不能拍摄出被摄体的全景。自拍杆操作需单手掌握，视频拍摄时间过长就会手酸手软，而且自拍杆并不能完全解放双手，自拍杆的遥控操作依然需要手指按动按键。

子任务 8.3.2 自拍杆 + 蓝牙——解放双手的超稳定拍法

自拍杆除了具有遥控功能以外，现在目前市场上还有出售蓝牙功能的自拍杆。手机在连接蓝牙自拍杆时，只需打开手机蓝牙搜索蓝牙设备，自拍杆就会自动与手机进行配对。蓝牙快门将快门键分离出来，有效地减少了抖动。将手机固定在自拍杆上端，就可以上下调整角度，使用各种姿势拍摄了。

蓝牙自拍杆最大的优势就在于，其可以解放拍摄者的双手，只需通过蓝牙即可控制手机进行视频的拍摄，在蓝牙能覆盖到的范围之内，可以进行一定距离的视频自拍，给了身体更多的活动空间。

子任务 8.3.3 猫咪模式——让可爱俏皮自然流露

拍摄者一般进行自拍时，拍摄时长通常只有十秒左右，或者更短。在这么短的时间进行自拍，往往不知道该用什么样的表情或者用什么样的动作，如果单纯使用与平时拍摄自拍照时的动作会显得僵硬、不自然。猫咪（Mamy）模式的出现很好地解决了这一问题，猫咪模式是指视频拍摄者自身模仿猫咪的动作，或者猫咪的表情。例如，将双手微微举起放在脸部的两侧，模仿猫爪；还可以利用视频拍摄软件中自带的猫咪表情进行拍摄，体现野性与俏皮。

子任务 8.3.4 搞怪表情——让快乐感染每一个人

在视频自拍软件中，还带有许多专门的搞怪表情。利用这些搞怪表情也能够让自拍视频风格有很大的转变或新意，可以选用一些夸张的表情来表现自拍者的视频。以下两种方法可以完成搞怪表情的自拍。

（1）自拍者可以在录制视频的时候采用一些比较夸张的表情。例如，惊恐状、惊讶状、兴奋状或者大笑状等表情。

（2）如果觉得自身的表情达不到搞怪的程度，还可以使用视频拍摄软件中的一些夸张表情来做进一步的夸张。

子任务 8.3.5 特殊发饰——让美丽气质自由绽放

特殊发饰可以使视频中的自己显得更加的与众不同，特殊的发饰有很多的种类，例如，大型的兔子耳朵发型箍、美丽的花环等，都能在视频的自拍中让拍摄者显得更加的可爱。

除了在拍摄视频时作为一个拍摄者头上戴的特殊发饰外，还可以在自拍视频时使用自拍视频软件的特殊方式为自己的视频锦上添花。

特别提醒：在视频拍摄的过程中，给面部加特效，不仅可以增强视觉上的美感，还可以有效地吸引观众关注，这是自拍模式的亮点所在，当下美颜、特效几乎成了必备功能。

项目 9

后期软件，打造史诗级作品

| 项目目标 |

（1）了解五种后期软件的功能和使用方法。

（2）学习五种后期电脑剪辑软件的功能和使用方法。

（3）掌握五种视频优化辅助工具的功能和使用方法。

| 项目结构 |

任务 9.1　五种后期软件——移动端的视频加工法宝

任务 9.2　五种后期电脑软件——电脑端的视频剪辑帮手

任务 9.3　五种辅助工具——以细节打磨出精彩的短视频

项目导入

史诗级短视频作品的“出圈”，并非仅靠普通的拍摄和简单的剪辑。制作者想要制作出精彩的爆款短视频，不仅需要前期的摄影摄像和平台的推广发布，后期软件的再加工和精心打磨也是必不可少的关键环节。本节将介绍多种不同类型的后期制作软件，通过其强大的视频加工能力，为受众打造更多史诗级短视频作品。

任务 9.1 五种后期软件——移动端的视频加工法宝

人人都是短视频博主的时代已经到来，由于短视频制作门槛低，在移动端即可完成操作，使得全民短视频成为一种新的生活方式。移动端为满足受众需要，推出了多种多样的后期视频加工软件和工具，本节将为大家介绍几款实用便捷且特点鲜明的后期制作软件。

子任务 9.1.1 小影 App——强大特效打造与众不同的风格

小影（VivaVideo）App 是一个集视频剪辑、教程玩法、拍摄为一体的大众短视频创作工具，由杭州趣维科技有限公司在 2013 年初推出。目前，全球每天有数十万人使用“小影”拍摄他们自己的微电影、创意短片等，90 后、00 后群体是小影的主要追捧用户。图 9-1 所示为小影 App 下载界面。

图 9-1 小影 App 下载界面

小影 App 最为便捷的功能在于它可以不限时拍摄。小影 App 的主界面布局简单清晰，通过界面的布局显示，不难发现小影 App 的核心功能是视频剪辑以及后期特效，如图 9-2 所示。

小影 App 主要有以下功能。

（1）视频拍摄：单击页面上“拍摄”按钮，即可开始拍摄。小影中共有三种拍摄方式：自拍美颜、高清相机、音乐视频。创作者可以根据不同的需求选择合适的拍摄方式，完成拍摄任务。

（2）视频编辑：小影的视频编辑功能可畅享音乐配置、镜头剪辑、文字增添等，操作简单易学，通过手指滑动时间轴即可完成初期剪辑。

（3）视频特效：此功能主要用于已完成初期剪辑的视频的特效处理，其中包括边框特效、光影变幻、电影滤镜、动态素材等，可轻松完成视频的特殊化处理。

（4）草稿保存：用于尚未完成剪辑任务或后期特效的视频，可临时保存以便于之后的继续创作。

除此之外，小影还拥有以下强大的后期功能（见图 9-3）：一是“语音转文字”功能，进入功能页面可自动智能识别视频中的人声，将语音转化为文字，无须手动输入，准确率极高；二是“画中画合成”功能，先选择一个主体编辑视频，再选择想要成为画中的辅助图片、视频或 GIF，拉动时间轴可改变出现时长，拉动页面图像可改变出现的位置；三是“加马赛克”功能，添加需编辑的视频镜头，可手动简易打码，便于解决部分镜头的版权及隐私问题。

图 9-2　小影 App 主界面

图 9-3　小影的后期功能

子任务 9.1.2 乐秀 App——系统专业的功能练就惊人作品

乐秀（VideoShow）是一款操作简捷的手机图片视频编辑软件，由上海影卓信息科技有限公司研制并开发。图 9-4 所示为乐秀 App 下载界面。

图 9-4　乐秀 App 下载界面

进入乐秀 App 主界面（见图 9-5），不难发现这款强大的视频编辑软件提供了多种专业功能供大众使用，是摄影发烧友、Vlogger 手机微视频创作的全能工具。

乐秀 App 主要功能如下。

（1）视频编辑：此功能可进行视频裁剪、视频分割、视频合并与叠加、视频倒放以及图片转视频等。视频调节可对视频进行对比度、亮度、锐化等参数的手动调节；增加滤镜可将视频做相关风格化处理，确保视频风格色调的统一和谐。除此之外，乐秀 App 的视频快慢速功能也为创作者提供了灵感源泉，任意选择 0.25 倍慢镜头到 4 倍加速播放，可增强画面的冲击力以及细节特征的放大效果。

（2）超级相机：可用乐秀 App 直接拍摄视频，支持多段拍摄。多种背景音乐可任意选择，画面声音同步，可轻松制作卡点视频。同时，乐秀 App 拥有酷炫、美颜、手绘等多种拍摄滤镜，便于契合后期风格化创作。

（3）视频模板：多种类的视频模板，一键拥有风格鲜明的视频主题。拥有卡通、复古、流行等多种边框和模板可供选择，全力支持打造创意视频。

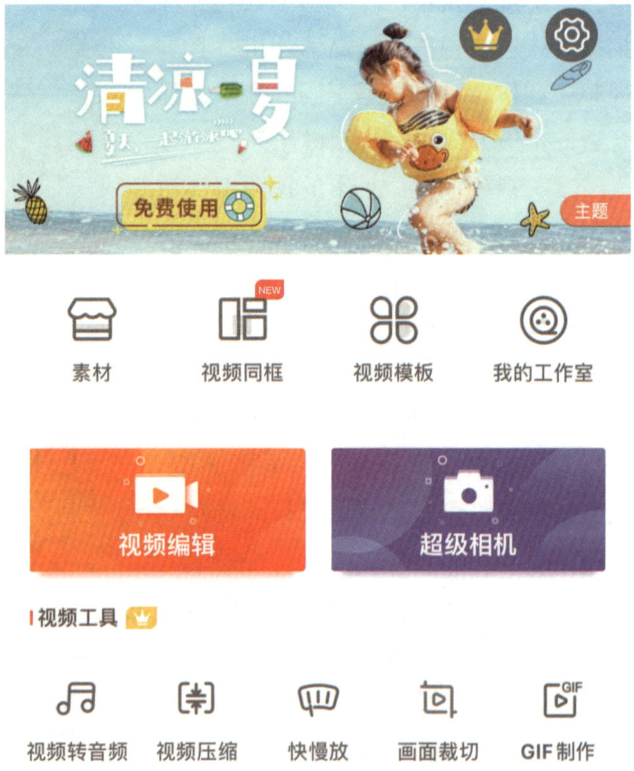

图 9-5　乐秀 App 主界面

（4）我的工作室：可暂时保存未完成编辑的视频，便于后期继续创作和发布。

（5）视频工具：堪称全能的视频编辑功能，为视频编辑提供专业的工具。

子任务 9.1.3 FilmoraGo App——颜值与实力并存的个性化工具

FilmoraGo（万兴神剪手）App 是一款界面简洁时尚、功能强大的视频编辑软件，它是深圳万兴科技公司近年来的代表作，于 2015 年 4 月上线。经过几年的不断更新和迭代，现已发展成为一款集视频剪辑、格式转换、屏幕录制等多重功能为一体的综合性软件。图 9-6 所示为 FilmoraGO App 的下载界面。

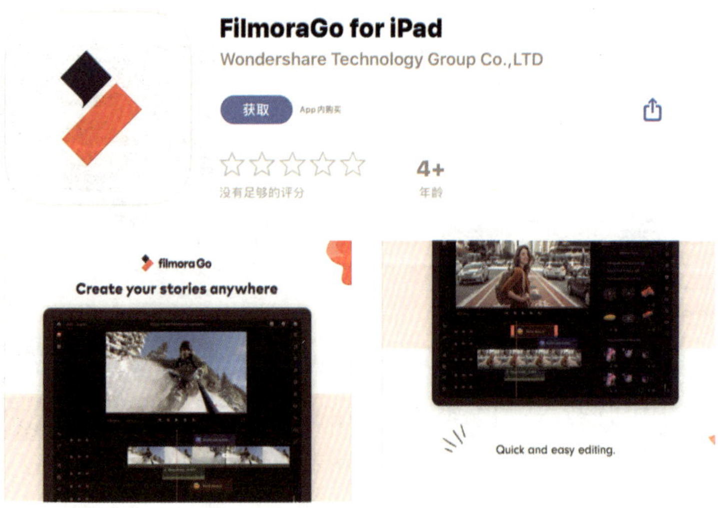

图 9-6　FilmoraGo App 下载界面

FilmoraGo App 的主界面布局清晰明了，共分为三个部分。第一个部分为左下角的“创建视频编辑”区，单击即可进行全套视频编辑和后期制作；第二个部分为右下角的“视频拍摄”区，单击即可进入拍摄界面，通过设备自带的摄像头进行实景拍摄；第三个部分为上方的“我的创作项目”区，尚未完成编辑的项目即自动保存于此，以便于后期再次继续创作和修改。FilmoraGo App 的视频编辑界面分为左右两部分，界面栏清晰易区分，左侧为视频剪辑栏，右侧为后期制作栏。视频剪辑栏：在此可进行视频的裁剪、合并等操作，通过拉动时间轴完成基础剪辑，可实时观看项目剪辑进程。后期制作栏：在此可添加背景音乐音效、标题字幕，也可添加特效素材，对视频进行特殊化处理。其中，后两者因添加表情贴纸和风格滤镜，让视频充满趣味性，更符合新媒体的网感化处理。

子任务 9.1.4 巧影 App——细致入微完善人性化制作界面

巧影 App 是一款符合用户需求的视频剪辑和处理的手机软件，由北京奈斯瑞明科技有限公司开发和发布。巧影 App 除常规的视频编辑功能外，创作者还可即时为剪辑中的视频进行配音录制，而且可利用海量资源进行后期多图层特效处理，轻松完成多维度手机视频创作。从巧影 App 的登录界面可知，界面的主体部分的中部有一个圆形按键，单击该按钮即可进入视频编辑系统。巧影 App 最大的特点在于其拥有海量资源，素材商店中提供各种转场效果、音乐和字体，大量的素材可满足用户的个性化需求，瞬间让创作者的视频与众不同。

子任务 9.1.5 KineMix App——简洁界面赢得众星捧月般的支持

KineMix App 是一款适用于移动端设备，简单易学的集视频剪辑、合并于一体的工具软件，用户使用该软件可创建新的视频项目，通过剪辑精彩片段，再重新合并成一个新的精彩短视频，最后分享视频到 Instagram、抖音等社交网络平台。其具体功能如下。

（1）视频拍摄：通过手机录制一段视频。

（2）视频导入：从手机相册里导入已拍摄完成的短视频、照片，再进入编辑界面。在视频编辑界面，可为原始素材增加字幕、音乐以及特效等，完成编辑后可保存并分享。

任务 9.2 五种后期电脑软件——电脑端的视频剪辑帮手

在融媒体时代，电子通信技术不断发展的今天，虽然移动端的手机视频后期 App 数量众多、操作简单、快速便捷，但是若需要达到视频专业级别和完美效果的呈现，仍需电脑端后期软件的再加工。电脑端的后期软件功能更为强大且系统，与此同时其操作的难度也明显增加。本章节中，编者将为视频创作者介绍五款相对而言较为出色，且能完成大部分用户需求的电脑端后期视频软件。

子任务 9.2.1 会声会影——功能全面、新手必备

会声会影（Corel VideoStudio）是一款由加拿大 Corel 公司制作的功能强大的视频编辑软件，现在已经升级为会声会影 2020 版本，更新以往功能的同时可提供百余种编制效果，可导出多种常见的视频格式，亦可直接生成为光盘。

会声会影 2020 工作界面非常明显地将各个功能板块划分开。菜单栏包括“文件”“编辑”“工

具”“设置”和“帮助”5个菜单。每个菜单都能为创作者提供相应的功能。例如，“文件”菜单可以提供和文件相关的功能，如新建普通项目文件、保存文件、导出等，而“工具”菜单可以提供处理视频文件时可以用到的一些工具。

（1）步骤面板：为创作者梳理视频编辑的进度，将其过程分为“捕获”“编辑”以及“共享”三个板块。

（2）预览窗口：可以显示视频经过处理后的状态，如添加的视频滤镜、转场效果等。视频创作者可以通过观看预览窗口的视频，对当前视频及时做出改进或者更加完善。

（3）导览面板：拥有一排播放控制按钮和功能按钮，可以对预览窗口的视频进行控制。

（4）素材库：可以显示已经导入素材库的所有素材，包括视频、图像和音频素材。创作者可以直接将素材库的素材添加至视频当中。

（5）时间轴面板：可以显示各个素材的时长、起止位置等信息。

子任务 9.2.2 Premiere——专业水准、应用广泛

Premiere，简称“Pr”，是由 Adobe 公司开发的一款视频编辑软件。Premiere 是视频编辑爱好者和专业人士必不可少的视频编辑工具，它可以提供采集、剪辑、调色、美化音频、字幕添加、输出、DVD 刻录的一整套流程，是现在使用最为广泛的视频剪辑处理软件。

Premiere Pro CC 2019 的工作界面包括菜单栏、效果控件、素材库、预览窗口以及时间轴面板。

（1）菜单栏：主要包括“学习”“组件”“编辑”“颜色”“效果”等面板。每个面板都拥有不同的功能，如在“效果”面板中，主要提供添加效果的功能选项——转场效果、视频特效等。

（2）效果控件：创作者可以通过“效果控件”面板控制对象的运动、透明度等。

（3）素材库：可以显示已经导入素材库的所有素材，包括视频、图像和音频素材。创作者可以直接将素材库的素材添加至视频当中。

（4）预览窗口：可以显示视频已经经过处理后的状态，如添加的视频滤镜、转场效果等。创作者可以通过观看预览窗口的视频，对当前视频及时做出改进或者完善。创作者可以直接通过该窗口对当前的视频进行画面大小、比例、位置的调整。

（5）时间轴面板：可以显示各个素材的时长、起止位置等信息，其拥有多个视频和音频轨道，可以直观地显示各个音频和视频素材之间的时间和覆叠关系。

子任务 9.2.3 快剪辑——一站到底、小白新宠

快剪辑是 360 公司推出的一款免费剪辑软件，它作为国内首款免费在线视频剪辑软件，是一款功能齐全、操作简捷、可以在线边看边剪的 PC 端视频剪辑软件，很适合对视频制作需求不高的用户使用。快剪辑的工作界面简单明了，主要分为三个板块：预览窗口、素材库和时间轴面板

（1）预览窗口：创作者可以直观地从此处观看已经编辑的视频文件的预览效果。

（2）素材库：是视频、音频、图片等素材的添加区域，创作者可以直接将素材库中已导入的素材添加至视频当中。

（3）时间轴面板：可以显示各个素材的时长、起止位置等信息，直观地显示各个音频和视频素材之间的时间关系，而且时间轴的大小可以自由调节。

子任务 9.2.4 爱剪辑——全能免费、大众审美

爱剪辑是一款适合大众的剪辑软件，简单易上手，适合刚学会视频剪辑的新手。爱剪辑的功能也十分全面，不仅有剪辑相关的基础功能，同时也可以提供文字、字幕特效、转场特效、滤镜特效等功能。爱剪辑的功能界面分为菜单栏、信息列表、预览面板、添加面板、信息面板五个部分。

（1）菜单栏：主要包括“视频”“音频”“字幕特效”等菜单，不同的菜单为创作者提供不同的功能，如“视频”菜单中可以为创作者提供视频的添加、剪辑等功能。

（2）信息列表：为创作者展示剪辑的视频或者音频素材的区域。其可以显示素材的相关信息，如剪辑时长及在最终影片中的时间。在此区域，还能为视频添加转场、风格等特效。

（3）预览面板：可以显示视频已经经过处理后的状态，如添加的视频滤镜、转场效果等，还能对视频的播放进行加速、减速，以及调节音量的大小。

（4）添加面板：视频、音频、图片等素材的添加区域。双击添加面板的空白处即可添加视频。

（5）信息面板：展示制作中的视频的详细信息，每多加一个步骤，信息面板中的视频信息就会发生变化，让用户清晰了解自己的剪辑流程进度。

子任务 9.2.5 PPT——批量制作、快速便捷

PPT 是 PowerPoint 的缩写，是一款演示幻灯片的软件，常用来制作演讲、报告等所需要的幻灯片。WPS 软件公司制作的 PPT 软件也将短视频制作功能加入其中，创作者可以通过该软件制作简单的幻灯片视频。其制作步骤如下：

（1）打开 WPS 软件，新建一个演示文稿后，使用“插入”选项卡中的命令，将下载好的图片插入演示文稿，然后选择右边的“音频”→“嵌入背景音乐”选项，此时创作者可以选择下载好的背景音乐，单击“打开”按钮即可进行“嵌入背景音乐”操作，如图 9-7 所示。

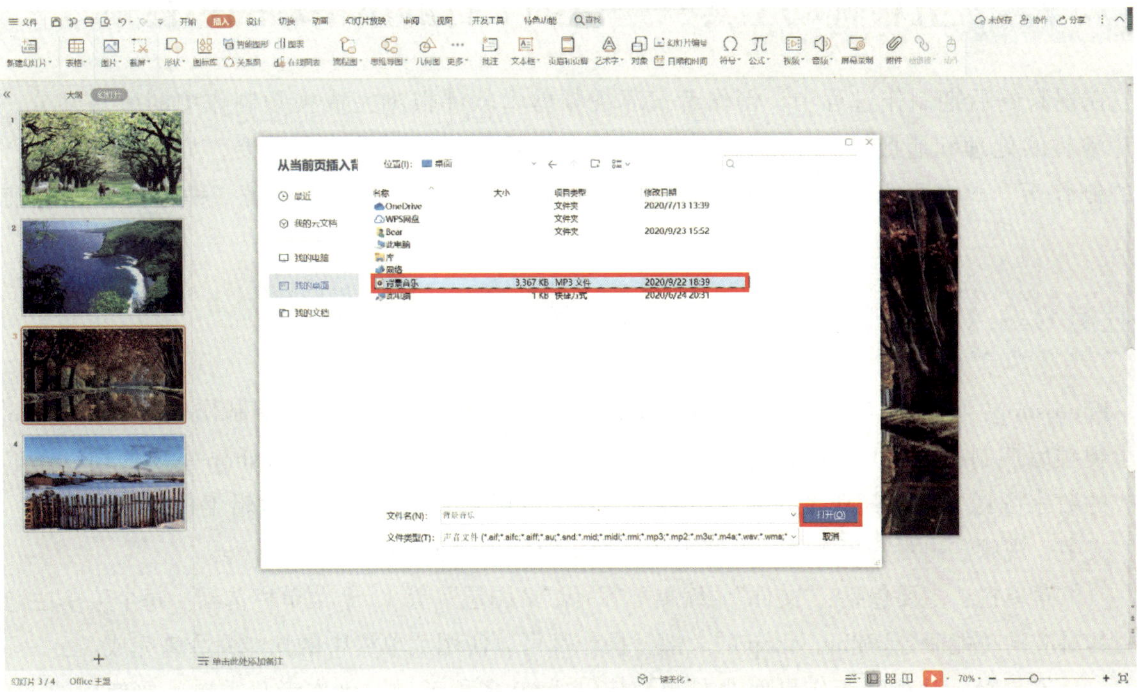

图 9–7　嵌入背景音乐

（2）嵌入背景音乐后，接下来为图片添加切换效果。可以在“切换”选项卡中选择合适的切换效果。例如，选择“擦除”效果，如图 9-8 所示。

图 9-8　选择“擦除”效果

至此，简单的幻灯片制作完成。单击“特色功能”→“箭头”按钮，进入应用中心界面，选择“输出为视频”即可完成视频的导出。

任务 9.3　五种辅助工具——以细节打磨出精彩的短视频

在视频的后期制作过程中，创作者仅靠视频剪辑软件很难完成视频制作中的所有部分，如图片素材的处理和捕捉等。在视频制作完成后，对视频的外包装也很重要，如文案的排版、封面的制作等。这些工作都必须使用另外的辅助工具来完成。本节将推荐 5 种不同功能的辅助工具。

子任务 9.3.1　Photoshop——让炫酷的封面为你添彩

Photoshop，简称“PS”，它与 Premiere 都是由 Adobe 公司推出的后期制作软件。Premiere 专注于视频后期制作，而 Photoshop 是一款较为专业的图片处理软件。Photoshop 主要处理以像素所构成的数字图像，使用其众多的编修与绘图工具，可以有效地进行图片编辑工作，涉及图像、图形、文字、视频、出版等多个领域。其工作界面主要包括以下六个部分。

（1）菜单栏：主要包括：“文件”“编辑”“图像”“图层”等 11 个菜单栏选项。每个菜单栏选项都用其对应的功能命令。Photoshop 的大部分操作都可以使用菜单栏中的功能命令来完成。

（2）工具箱：其位于工作界面的左侧，其包括 50 多种工具，创作者只需单击要使用的工具，即可完成工具的选择。

（3）工具属性栏：在此可以对当前所选工具的属性进行设置。创作者选择不同的工具时，此属性栏显示的内容也会不同。

（4）图像编辑窗口：进行图片处理的主要区域，在此区域可以观看正在处理的图像的当前状态。大面积的可视化窗口使图像处理变得更加直观。

（5）状态栏：位于工作界面的下方，可以显示当前所编辑图像的显示参数。其主要包括显示比例、文件信息和提示信息三个部分。

（6）浮动控制面板：主要用于对图像进行颜色、图层、样式等相关操作的设置。其位于工作界面的后侧，创作者可以通过鼠标拖拽对其进行分离、移动、组合等操作。

短视频的封面往往都需要经过图片处理软件进行后期制作，这样的封面能够更加吸引用户的目光。因为在短视频平台中，用户对每一个短视频的第一印象就是它的封面图。好的封面图会具有吸引力，也会为观众提供短视频的主要内容。因此，在短视频的后期制作过程中，Photoshop 是必不可少的辅助工具。

子任务 9.3.2 秀米——让排版不再成为大难题

秀米是一款专用于微信平台公众号的文章编辑工具，秀米编辑器拥有很多原创模板素材，排版风格也很多样化、个性化。秀米编辑器可以设计出专属风格文章排版。短视频不仅可以发布在快消费的短视频平台，更加精美的短视频还可以发布在微信公众号这类文案平台上。此时，优秀的文案排版是对短视频的一种外包装，短视频搭配上整齐有序的排版，能给用户带来不一样的短视频观看体验。接下来，介绍秀米的工作界面。其工作界面可以分为以下三部分。

（1）素材库：包含众多可编辑的文字和图片模板，方便创作者快速排版。素材库的上方有分类栏，创作者可以根据自己的喜好以及文案的内容选择不同类型的模板。

（2）工具栏：包括“打开图文”“预览”“保存”等 5 个部分，可以为创作者提供文案导入、导出等功能。

（3）编辑窗口：对图文进行编辑排版的主要区域。使用鼠标拖动模板到编辑窗口，可以将素材库中的模板直接添加至编辑窗口进行编辑。

子任务 9.3.3 红蜻蜓抓图精灵——让屏幕捕捉更富有趣味

红蜻蜓抓图精灵（RdfSnap）是一款完全免费的专业级屏幕捕捉软件，可以让创作者得心应手地捕捉需要的屏幕截图。捕捉图像方式灵活，如捕捉整个屏幕、活动窗口、选定区域、固定区域、选定控件、选定菜单、选定网页等，图像输出方式也多种多样。其工作界面主要分为以下四个部分。

（1）菜单栏：包括“文件”“输入”“输出”“选项”和“帮助”5 个菜单选项，选择任意一个菜单选项都可以弹出与其相关的功能命令。

（2）捕捉方式：位于工作界面的左侧，包含“整个屏幕”“活动窗口”“选定区域”“固定区域”“选定控件”“选定菜单”“选定网页”和“捕捉”8 个捕捉工具。创作者可以根据具体情况选择合适的工具。

（3）工具栏：位于工作界面底端，主要用于选择不同的项目，如“工具”“历史”“常规”“热键”等。

（4）工具预览面板：主要用于展示当前所选择工具的属性。

子任务 9.3.4 GifCam——让 GIF 录像变得简单可行

GifCam 是一款免费的支持用户录制屏幕为 GIF 动画的软件。在创作者制作微信公众号时，文案中添加 GIF 动图能为文案增添乐趣。GifCam 软件的工作界面清晰简洁，主要包含以下两个部分。

（1）编辑窗口：进行动图制作、加工的区域。

（2）选择项目：位于界面的右侧，提供多种功能，如“打开文件”“编辑文件大小”“保存文件”“录制”等。

子任务 9.3.5 PhotoZoom——让图片无损放大散发魅力

PhotoZoom 是一款新颖的、技术上具有革命性的对数码图片进行放大的工具。大多数的工具对数码图片进行放大时，总会降低图片的品质，而这款软件使用了 S-SPLINE Max 技术，采用优化算法，可以尽可能地提高放大图片的品质。PhotoZoom 最大的特色是可以对图片进行放大而没有锯齿，不会失真。其工作界面主要分为以下四个部分。

（1）菜单栏：位于工作界面的上方，包括“文件”“编辑”“批量处理”“选项”“试图”和“帮助”6 个菜单栏选项。不同的菜单栏选项能为创作者提供不同的功能。

（2）工具栏：主要用于调整图片查看模式和对图片进行裁剪等操作，包括“裁剪”“选中”“旋转”等工具。

（3）设置面板：位于界面左侧，可以设置当前图片的各种参数，如分辨率、尺寸、锐度、自然度等。

（4）预览面板：编辑图片的主要工作区域，对图片进行放大和调整都在此区域进行。

项目 10

快手App——举腕之间，气宇不凡显大气

项目目标

（1）学习短视频的前期拍摄。

（2）掌握短视频的后期制作。

（3）学会短视频的发布分享。

项目结构

任务 10.1　前期拍摄，一手打造高质量作品

任务 10.2　后期制作，借助工具渲染短视频

任务 10.3　发布分享，多渠道传播优质内容

项目导入

人人都是视频博主的时代已经到来，不难发现快手、抖音、美拍等众多短视频平台上陆续出现了营销类的作品，利用短视频的传播形式为创作者提供了更有利平台。本章将以快手 App 为例介绍短视频的拍摄、制作以及发布分享的全过程。

任务 10.1 前期拍摄，一手打造高质量作品

短视频最大的特点是精致和有趣。相对于图文而言，短视频能够带给用户独一无二的视觉体验，精致是指短视频的时长一般控制在 15 秒 ~5 分钟，所以短视频即是浓缩的精华。创作者需要在短时间内快速抓住用户的兴趣和痛点，唯有满足此条件的短视频才能受到广泛关注。

子任务 10.1.1 拍前准备，有条不紊，一气呵成

案头的准备工作也是不容小觑的，以拍摄“清晨的露珠”短视频为例。首先，准备好拍摄器材；其次，针对主题内容规划策划方案和实施方案；最后，确定好后期制作 App，这样才不会在整个环节中手忙脚乱。

短视频 App 采用简单易学的小影，它的功能可满足本次作品的前期拍摄和后期制作。

本次拍摄的短视频主题为“清晨的露珠，大自然的馈赠”，主题说明视频一方面有露珠元素，另一方面要表现出大自然的舒适和美好。确立好短视频的主题后，需确定拍摄场景。

拍摄场景围绕拍摄对象而定，由于露珠一般存在于室外且为清晨时分存在，因此选择在清晨光线较为柔和的小池塘边进行拍摄。拍摄的初步画面如图 10-1 所示。

后期选择小影 App 可为视频增加滤镜、特效、音乐、字幕等，借助小影 App 的层层渲染，让原本的画面更加美观大方。视频成品如图 10-2 所示。

图 10-1 视频拍摄画面

图 10-2 视频成品

子任务 10.1.2 具体拍法，精确到位，细节为重

在具体拍摄过程中，应先对具体拍摄对象有一定了解，唯有不断的尝试，建构出最佳的构图和角度才能使作品独一无二，后期制作上相对而言也能轻松许多。

由于本次拍摄的对象为清晨的露珠，晶莹剔透的露珠体型相对较小，而露珠所在的树叶体型较大，颜色渐变，所以为了突出露珠的形态，在拍摄时多采用特写镜头（见图 10-3），表现其光泽明亮和圆润可爱。

浅景深构图是虚实对比的拍摄方法（见图 10-4），露珠和树叶是实，背景的树丛为虚，虚实结合，将受众的注意力集中在实景的密集露珠上，突出主体的特点。

图 10-3　主体的特写视频画面

图 10-4　浅景深构图的视频画面

任务 10.2　后期制作，借助工具渲染短视频

在完成前期的拍摄任务之后，制作者就可以对素材进行整理和加工，这一阶段是创作的重要环节。前期的拍摄就像构建房屋时根据图纸搭建的基础框架，而后期制作就是在框架之上对房屋细节进行修改和完善，唯有经过层层改进才能达到最终目标。

演示图片采用小影 App 作为后期制作软件。以“清晨的露珠”视频为例，对其进行后期处理，以便摄制者参考学习。

子任务 10.2.1 导入视频，为后续操作提供便利

进入小影 App 主界面，如图 10-5 所示，单击“视频编辑”按钮，进入如图 10-6 所示的选择视频界面，选择拍摄好的视频，单击“下一步”按钮，进入视频编辑界面。

如图 10-7 所示，视频编辑界面下方为工具栏，其中包括“镜头编辑”“字幕”“滤镜”“动画贴纸”“特效”等工具。将工具栏从右向左滑动，单击如图 10-8 所示的“添加镜头”按钮。

上述操作完成后会跳转到如图 10-6 所示的选择视频界面，再次选择需要编辑的视频，单击“下一步”按钮进入视频编辑界面，继续进行相关操作。

图 10-5　小影 App 主界面

图 10-6　选择视频界面

图 10-7　视频编辑界面

图 10-8　“添加镜头”按钮

子任务 10.2.2 添加滤镜，使画面效果让人眼前一亮

滤镜可以用来实现图像的各种特殊效果，以满足不同摄制者对不同图片和影像的画面色彩的需求。下面接着图 10-7 所示的视频编辑界面继续为视频增添滤镜效果。

首先，单击“滤镜”按钮（见图 10-9），跳转到如图 10-10 所示的滤镜选择界面，从右向左滑动可以选择不同类型的滤镜。

根据视频主题和拍摄主体确定视频色调的整体风格，如选择如图 10-11 所示的“风之诗 8”滤镜，为整体画面笼罩一层薄薄的轻纱，增添清晨露珠的朦胧美感。接着为第二段视频添加滤镜，选择“晨露”滤镜，增添画面的温馨与静谧感，如图 10-12 所示。

图 10-9　“滤镜”按钮

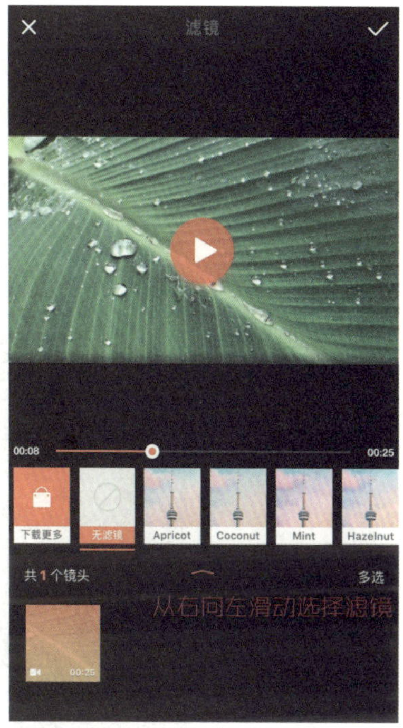

图 10-10　滤镜选择界面

图 10-11　添加“风之诗 8”滤镜

图 10-12　添加“晨露”滤镜

小影 App 的滤镜功能不断更新迭代，在滤镜下载界面中有多种多样的滤镜包可供选择，如图 10-13 所示。选择适合影片的滤镜免费下载即可使用。

图 10-13　下载更多滤镜

子任务 10.2.3 背景音乐，动人心弦的必然选择

背景音乐的选择是短视频是否成功的关键因素之一，契合的背景音乐会起到画龙点睛的作用。下面将继续以“清晨的露珠”视频为例，为其添加合适的背景音乐。

单击如图 10-14 所示的“多段配乐”按钮，进入如图 10-15 所示的界面，单击“添加音乐”按钮，进入如图 10-16 所示的选择音乐界面。

在音乐选择界面，不难发现有三种渠道可以选择音乐，分别为网络音乐、已下载音乐和本地音乐。在网络音乐又可细分为轻松欢快类、软萌可爱

图 10-14　“多段配乐”按钮

图 10-15　“添加音乐”按钮

类、旅行治愈类等。根据视频主题进行选择，选择旅行治愈类中的《空中的飞翔 flying in the sky》作为全程的背景音乐。单击如图 10-16 所示的“添加”按钮，将音乐添加到视频当中，跳转到如图 10-17 所示的音乐位置调整界面，调整音乐位置，完成背景音乐的制作。

图 10-16　选择音乐界面

图 10-17　音乐位置调整界面

子任务 10.2.4 精准字幕，丰富信息的定位传递

字幕可以将作品的中心思想更为明显地表达出来，创作者可以根据影片风格的不同选择对应的字幕边框、字体、颜色和效果。下面将继续为‘清晨的露珠’视频添加字幕。

单击如图 10-18 所示的“字幕”按钮，进入如图 10-19 所示的界面，继续单击“添加字幕”按钮进入字幕编辑界面，如图 10-20 所示。

在图 10-20 中，分别有“边框”“字体”“颜色”和“效果”四个选项。创作者可以根据作品类型依次进行选择，先在屏幕中输入文本内容“大自然的馈赠”，

图 10-18　“字幕”按钮

图 10-19　“添加字幕”按钮

选择“手绘型边框”搭配整体字幕效果。接着，在“字体”选项中选择“汉仪小麦体”作为字幕的字体，并在“颜色”选项中选择“清新典雅的白色”为该字体的颜色。最后，完成字幕的多项选择后，单击右上角的“√”图标确认设置。此时，跳转至如图 10-21 所示的字幕位置调整界面，对字幕出现的位置进行微调，完成字幕的制作。

图 10-20　字幕编辑界面

图 10-21　字幕位置调整界面

子任务 10.2.5 动画贴纸，异趣横生的附加元素

以动画效果将贴纸呈现的方式，增添了视频的趣味性。“有趣的灵魂万里挑一”，不仅可以通过动画贴纸来吸引受众眼球，还能突出视频主题内容，使其更加生动。

在如图 10-22 所示的界面中，单击“动画贴纸”按钮，跳转至如图 10-23 所示的界面，继续单击屏幕中的“添加贴纸”按钮，进入贴纸编辑界面，如图 10-24 所示。

在贴纸编辑界面的贴纸栏中有各种不同类型的动画贴纸可供选择，从右向左滑动可以选择想要的贴纸

图 10-22　“动画贴纸”按钮

图 10-23　“添加贴纸”按钮

类型，例如，节日类贴纸即为符合各类节日气氛的贴纸动画，还有可爱类、心情类、亲子类、综艺类、旅行类等。根据视频作品的风格和构图，挑选相应贴纸，单击如图 10-24 所示的“免费下载”按钮，即可获得贴纸动画。视频“清晨的露珠”为日系小清新风格，可挑选旅行类贴纸中的“手绘线条贴纸”。

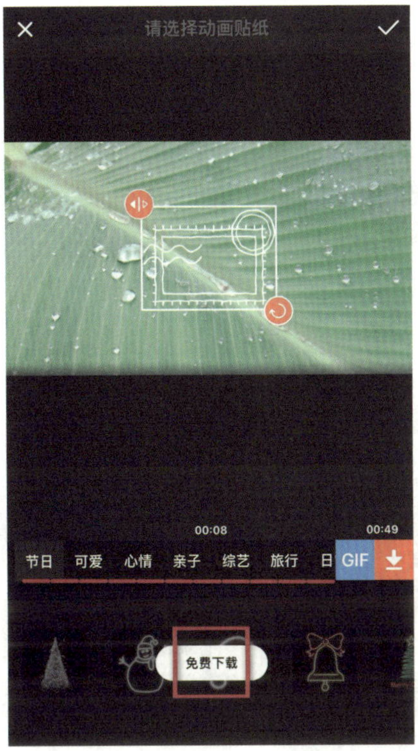

图 10-24　贴纸剪辑界面和“免费下载”按钮

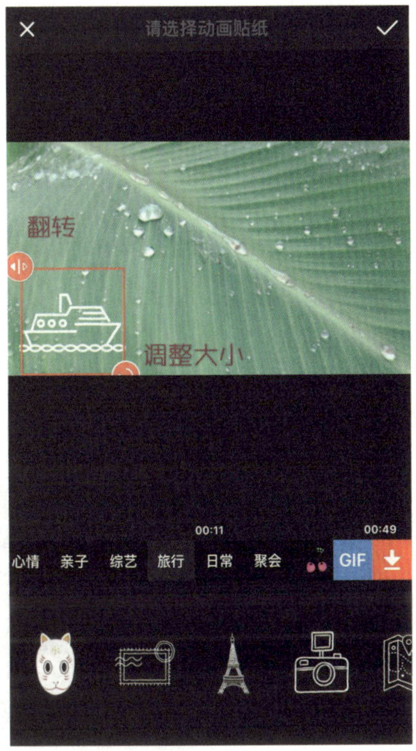

图 10-25　贴纸位置调整界面

如图 10-25 所示，选择合适的贴纸后，贴纸将会出现在视频画面上。贴纸的左上角按钮为“翻转”按钮，单击该按钮即可翻转贴纸；贴纸的右下角按钮为“调整大小”按钮，单击该按钮即可拉动大小和角度。完成贴纸位置调整后，单击屏幕右上角的“√”图标，即可完成动画贴纸的制作。

子任务 10.2.6 转场效果，让人目不转睛的惊喜

视频是由多个片段依次连接组合而成的，片段是视频作品最基本的结构形式，而片段与片段、场景与场景之间的过渡或转换，称为转场。转场效果可以让镜头间的转换变得更加引人注目，增添整体的韵律感和生动性。

单击如图 10-26 所示的“转场”按钮，跳转至如图 10-27 所示的界面。在小影 App 的当前界面中，最左侧有一个“下载更多”按钮，如图 10-27 所示，单击该按钮即可下载多种风格迥异的转场效果。根据视频的主题及拍摄风格，单击第一段视频和第二段视频间的按钮，选择与其风格相

图 10-26　“转场”按钮

图 10-27　“下载更多”按钮

对应的“笔刷”转场效果，如图10-28所示；单击第二段视频和第三段视频间的按钮，可以选择另一款适合该视频的转场效果，如图10-29所示的“交叉淡化”效果，即可完成添加转场特效的制作。

图10-28 “笔刷”转场效果

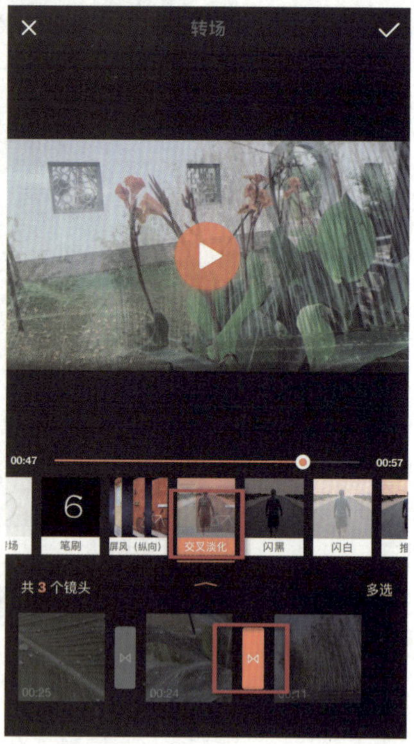

图10-29 “交叉淡化”转场效果

子任务10.2.7 加入特效，特定氛围的精心营造

在添加完转场效果之后，制作者还可以为视频添加适合其风格的特效。一个合适的特效能为视频添砖加瓦，增强视频对用户的吸引力。如图10-30所示，单击“特效”按钮，跳转至如图10-31所示的时间轴界面，在对应帧处单击“添加特效”按钮，即可跳转至选择特效界面，如图10-32所示。

在选择特效界面，可以根据视频作品的主题和拍摄风格来决定对应特效。在“清晨的露珠”这一视频中，可以添加“花瓣飞舞”特效

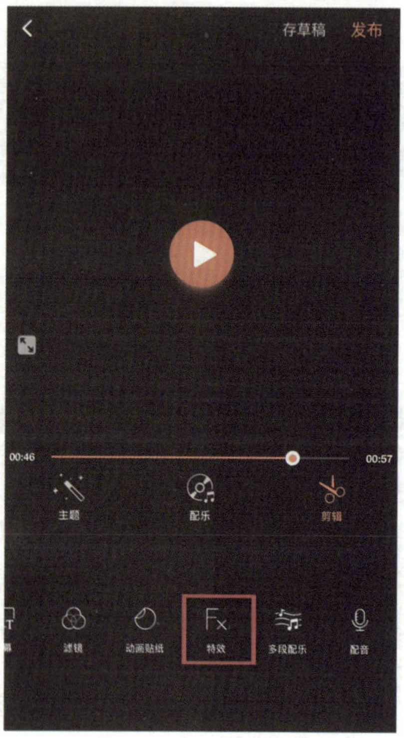

图10-30 单击“特效”按钮

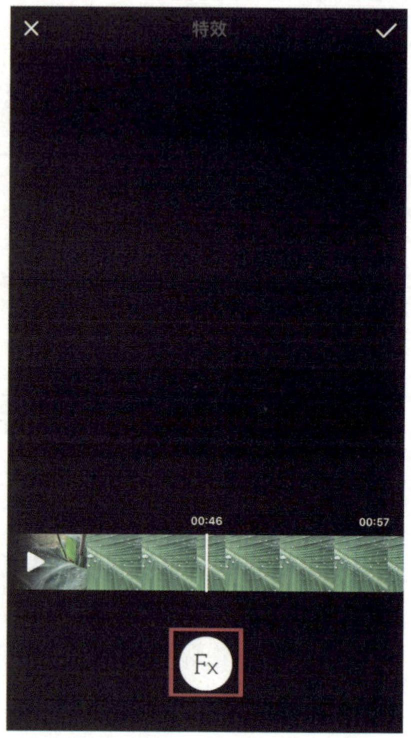

图10-31 单击“添加特效”按钮

或者“气球飞扬”特效来烘托欢乐轻松的整体氛围。单击图 10-32 中右上角的“√”图标，即可完成添加特效的制作。

图 10-32　选择特效界面

任务 10.3　发布分享，多渠道传播优质内容

“清晨的露珠”这一视频的后期制作已经完成，前几小节对前期拍摄和后期制作的学习是打造史诗级作品的重要环节，优秀的作品唯有让更多的人欣赏才能发挥最大的价值。广泛的传播是创作者努力的方向，本节将以快手 App 作为主要传播渠道，对视频的发布分享做概要介绍。

子任务 10.3.1　导出保存，微小细节不容忽视

视频在保存的过程中也有许多细节需要注意。单击图 10-33 右上角的“发布”按钮，跳转至如图 10-34 所示的“我的小影作品”保存界面，单击界面中的“保存到相册”按钮。

单击“保存到相册”按钮后，系统将提示选择导出视频的尺寸，如图 10-35 所示，在界面中选择画质较好的 1080p 选项，即可将制作好的视频保存至手机系统相册中，如图 10-36 所示。

图 10-33 “发布”按钮

图 10-34 “保存到相册”按钮

图 10-35 选择视频画质界面

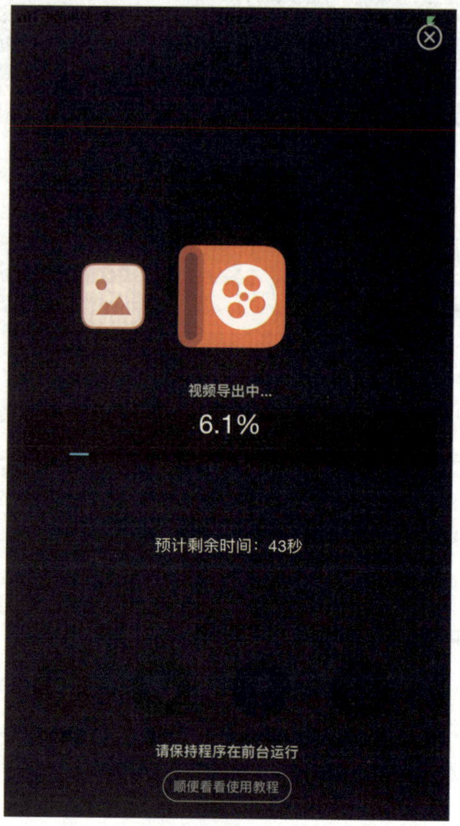

图 10-36 视频保存导出界面

子任务 10.3.2 发布分享，定向选择找准渠道

由于以快手 App 作为定向发布的平台，因此先将快手 App 下载至移动端设备中，单击进入快手 App 后，单击下方的“视频发布”按钮，跳转至如图 10-37 所示的界面，单击右下角的“相册”按钮，即可跳转至手机系统相册，选择需要发布的视频，如图 10-38 所示。

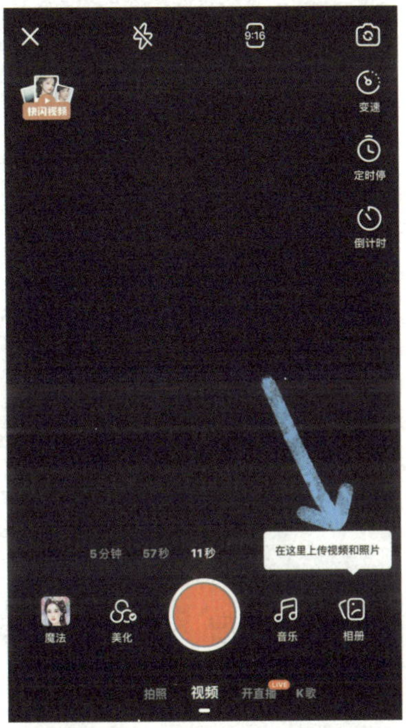

图 10-37　单击“相册”按钮

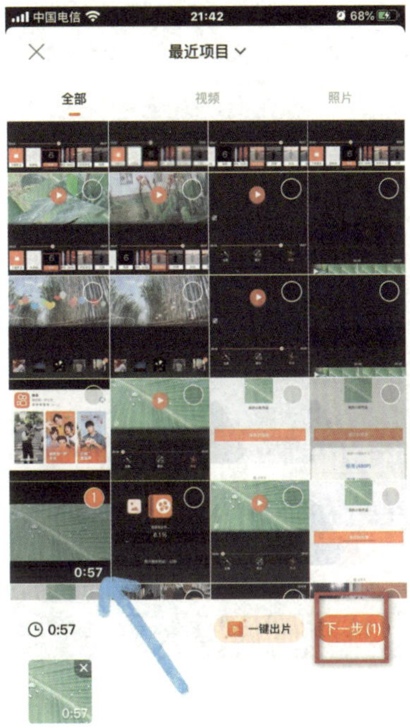

图 10-38　选择视频界面

选择了需要发布的视频后，单击“下一步”按钮，即可跳转至如图 10-39 所示的快手 App 视频预览界面，直接单击“下一步”按钮，进入快手 App 视频编辑界面，如图 10-40 所示。

图 10-39　快手 App 视频预览界面

图 10-40　快手 App 视频编辑界面

单击图 10-40 所示的“封面”按钮，跳转至如图 10-41 所示的视频封面选择界面。拉动视频，选择一张合适的帧作为视频的封面图，选择一张带有字幕的图片，来展示视频的中心思想，如图 10-42 所示。

图 10-41　视频封面选择界面

图 10-42　选择合适帧作为封面

在选择了合适的封面后，单击界面右下角的“√”图标，即可跳转至视频的文案编辑界面，如图 10-43 所示。在该界面中，制作者可以单击“话题”按钮，选择与视频文案相契合的热门话题，为视频增加曝光率。最后，单击界面下方的“发布”按钮，即可完成视频的发布。

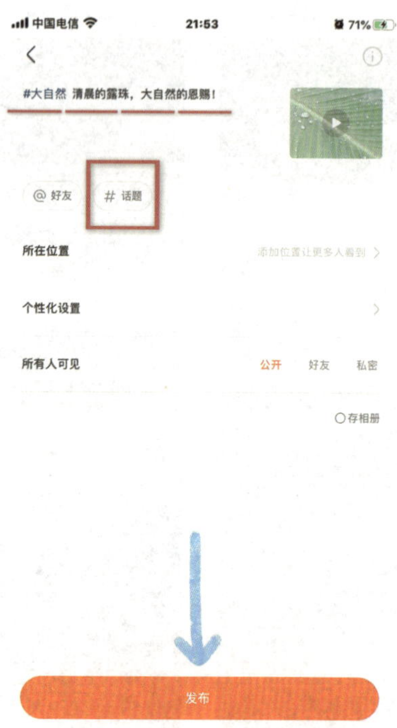

图 10-43　视频文案编辑界面

项目 11

今日头条——手机摄影《春夏秋冬》明特色

项目目标

（1）学习精心筹划前期拍摄。

（2）了解后期处理，依据步骤循序渐进。

（3）学会分享发布，瞄准目标一步到位。

项目结构

任务 11.1　前期拍摄，精心筹划视频进程

任务 11.2　后期处理，依据步骤循序渐进

任务 11.3　发布分享，瞄准目标一步到位

项目导入

在融媒体时代下，新媒体短视频成为人们在生活中互动交流、传递信息最主流的方式之一。快消费形式的新媒体短视频为整个社交媒体平台提供了更强的活力。今日头条即为当今主流的短视频平台之一，其平台上拥有各式各样、制作优良的短视频。本章将通过电脑软件 Premiere（以下简称为 Pr）来介绍今日头条平台中短视频的制作过程。

任务 11.1 前期拍摄，精心筹划视频进程

各种短视频平台拥有庞大的短视频数量，其中有播放量、点赞量、评论量“三高”的优质短视频，也有一部分短视频不被用户所喜爱。制作者想要制作“三高”的优质短视频，就要从前期的拍摄开始，做好拍摄的工作。本节将以风景类的短视频为例，重点且详细地介绍拍摄前的案头工作以及后期处理的相关流程。

子任务 11.1.1 拍前准备，一应俱全不慌不乱

以手机摄影“春夏秋冬”短视频为例。例如，摄制者拍摄用的器材是华为 P40 Pro，如图 11-1 所示。华为这款产品最大的特点就是摄影摄像的多模式，其后置摄像头拥有强大的三摄系统，拍照支持 5 倍光学变焦和 10 倍混合变焦以及 50 倍数字变焦，并且支持高像素模式、超大广角模式、大光圈虚化模式、超级夜景模式等。

图 11-1 华为 P40 Pro

此外，摄制者还需明确拍摄所需的素材，由于拍摄主题为“春夏秋冬”，因此选择在一年的不同时间内、不同场景下进行拍摄，以体现四季的更迭、颜色的变化，还有场景的切换。其次，还需明确后期制作所需的软件，这里常见的是视频剪辑制作软件 Pr。

制作完成的短视频预览效果如图 11-2 所示。

图 11–2　短视频预览效果

子任务 11.1.2 具体拍法，构图场景面面俱到

由于此短视频的主题为手机拍摄“春夏秋冬”，所以在拍摄的具体构图、具体角度上都要注意和讲究。接下来，将介绍拍摄时的构图问题。

如图 11-3 所示，在拍摄“秋”时，利用多根直线线条形成鲜明的斜线透视构图，使画面具有立体感和纵深感。在选择场景时，摄制者结合秋天的特点，选择渐变的黄色树叶和平静的河面进行拍摄，水中的倒影和立体的纵深感形成了一幅唯美的秋季景象。

图 11–3　斜线透视构图“秋”

如图 11-4 所示，图片拍摄于夏季，图片左侧为一望无际的蓝色海洋，而右侧为重峦叠嶂的层层山脉，构图采用左右对称的手法，体现出海与山的关系。该图片色彩饱和度较高，左右对称使其色彩更具有对比冲击感。

图 11-4　对称构图“夏”

任务 11.2　后期处理，依据步骤循序渐进

“春夏秋冬”短视频的后期处理较为关键，先将素材导入 Pr 中，添加背景视频和相关图片，然后通过叠加不同的动画效果、字幕以及背景音乐从而完成后期的整个制作流程。

子任务 11.2.1　导入素材，关键环节必不可少

首先，将素材导入 Pr 的素材库，方便之后的短视频制作。在 Pr 的界面左下角，就是可供用户导入素材的项目素材库。

在“导出媒体以开始”处右击，在弹出的快捷菜单中选择“新建素材库”选项，如图 11-5 所示，项目框中就会出现一个新的“素材库”文件夹，创作者可以根据视频的主题、名称及个人喜好对该“素材库”进行命名（此新建的“素材库”为“春夏秋冬”），如图 11-6 所示。

打开新创建的“春夏秋冬”素材库，在项目框内右击，在弹出的快捷菜单中选择“导入”选项，如图 11-7 所示，即可跳转至如图 11-8 所示的选择视频素材界面。

此时选择了一款光线粒子视频作为“春夏秋冬”的视频背景，选择该视频素材后，单击界面右下角的“导入”按钮即可将视频素材导入所选择的素材库。

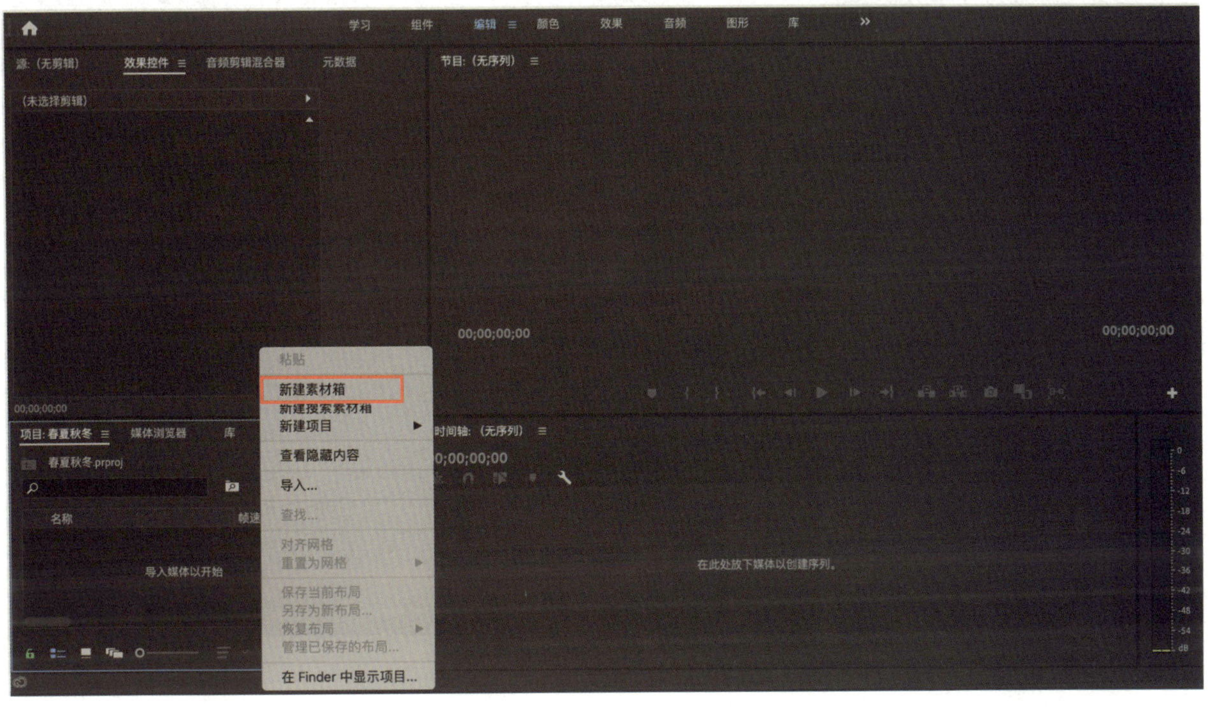

图 11-5　新建“素材库”

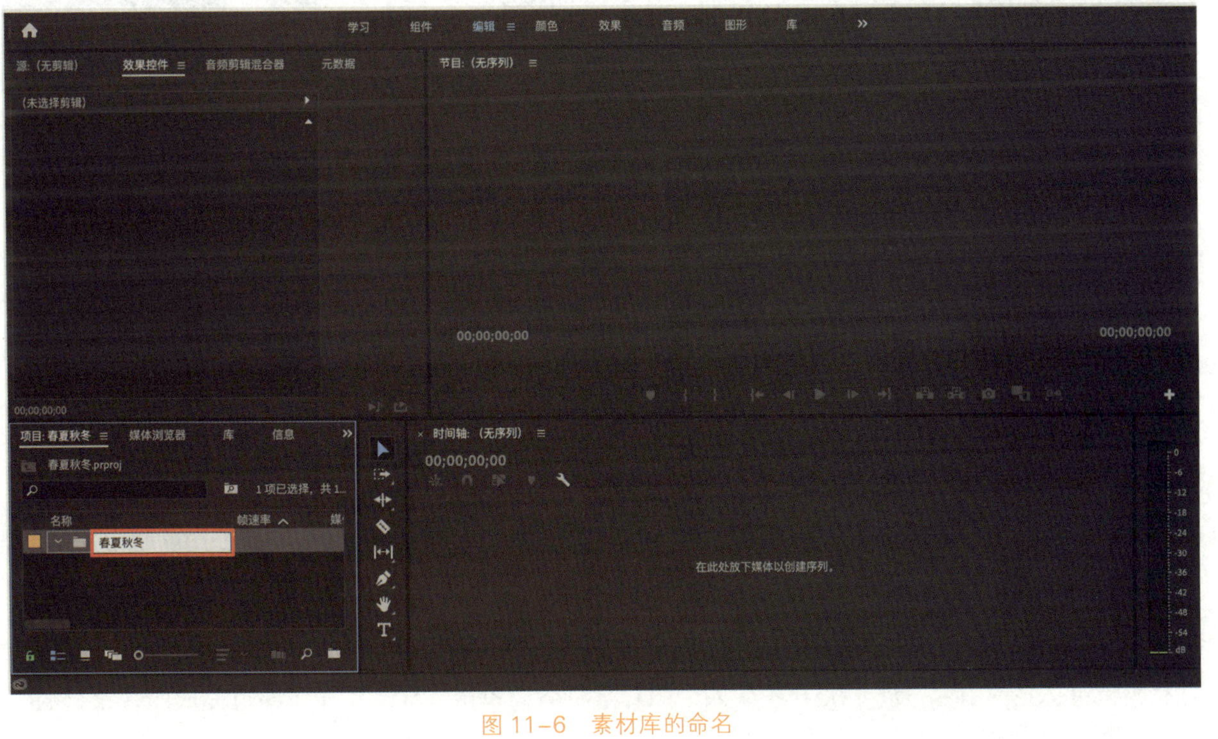

图 11-6　素材库的命名

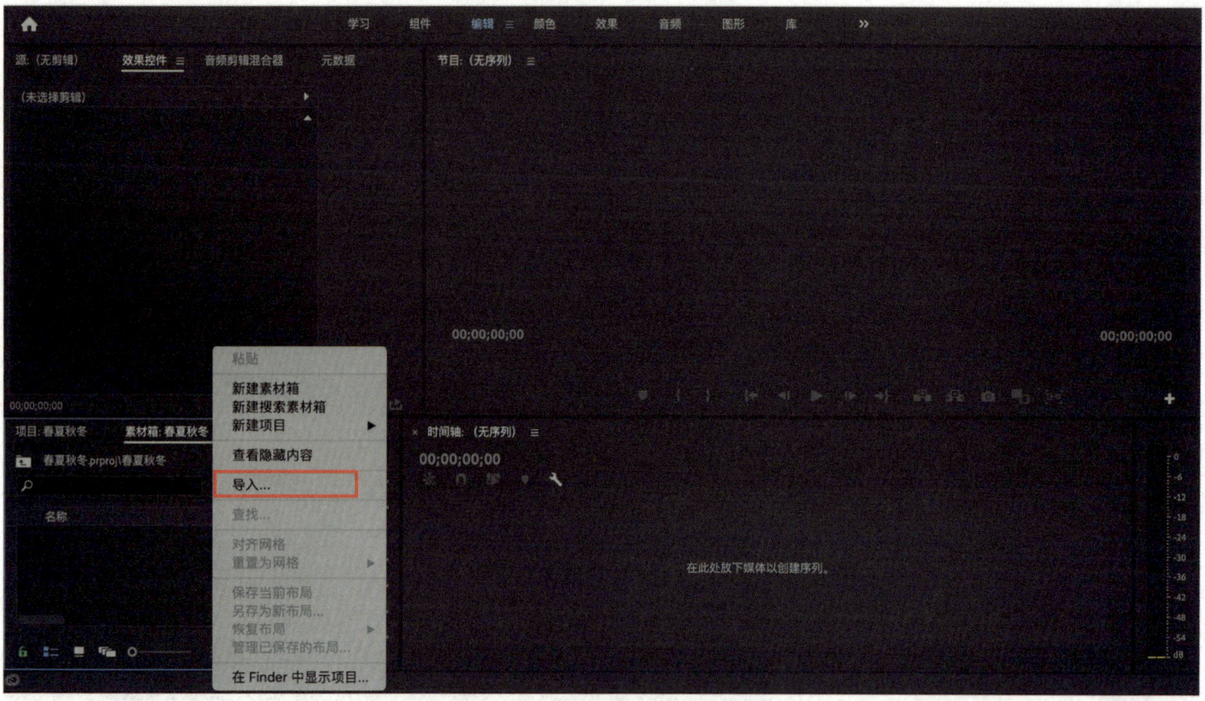

图 11-7 “导入”选项

图 11-8 选择需要导入的视频素材

在导入视频素材后，创作者可以使用同样方法进行图片素材的导入。在选择素材导入界面中，选择需要导入的“春”“夏”“秋”“冬”四个图片素材后，单击“导入”按钮即可完成照片素材的导入，如图 11-9 所示。

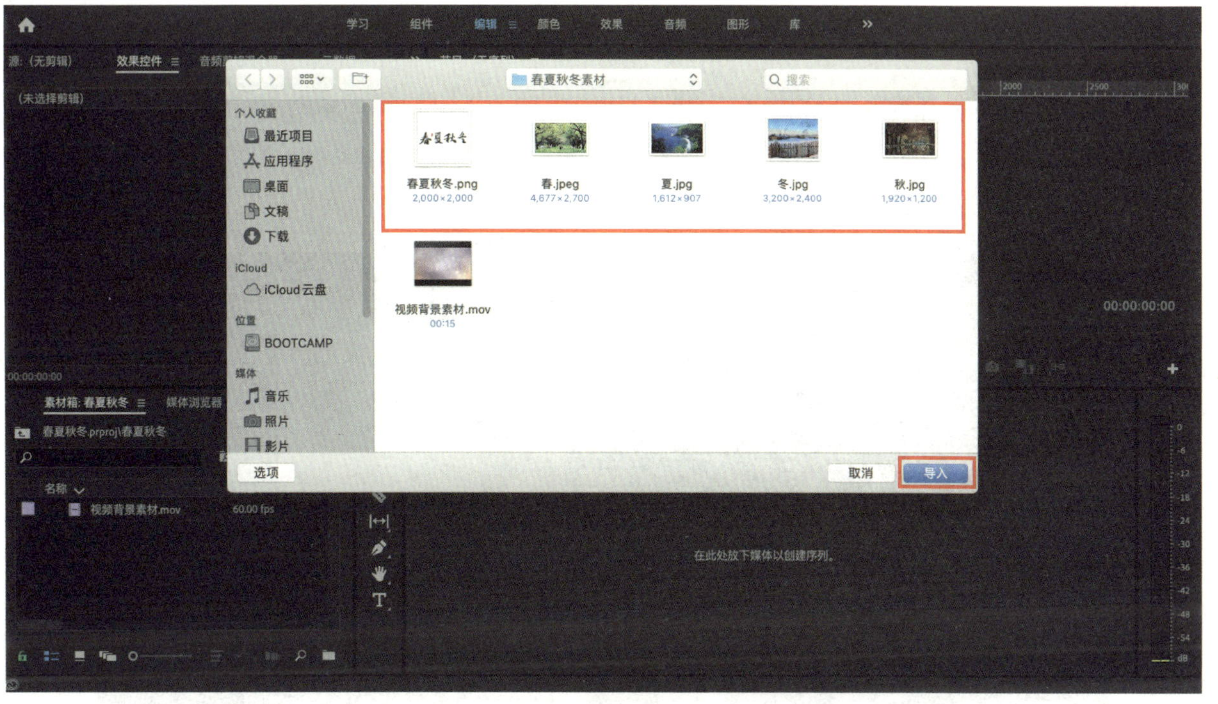

图 11–9　选择需要导入的照片素材

子任务 11.2.2 背景动画，丰富视效打动人心

导入视频和照片素材后，创作者需要将背景视频素材添加到视频轨道当中，如图 11-10 所示。该素材大小尺寸符合视频 16 ： 9 的比例需求，为蓝色星空样式，丰富时效打动人心。

图 11–10　添加背景视频素材到视频轨道中

子任务 11.2.3 片头特效，让人眼花缭乱惹人注目

在使用 Pr 软件制作视频的过程中，选择添加动画特效为视频的片头增添可观看性。将时间轴滑动到“00:00:00:00”处，再将图像“春夏秋冬 .png”添加至覆叠轨道中，如图 11-11 所示，在预览窗口中调整图像素材的大小和位置。

图 11–11　调整时间和图像大小

为了使片头更具有趣味性，这里增加了一段缩放动画效果，使“春夏秋冬”字样的图片由小至大出现在观众眼前。首先，选择左上角“效果控件”面板下的缩放选项，在时间为“00:00:00:00”时，单击“缩放”选项前的“时钟”按钮，再将缩放比例调整至“0”，如图 11-12 所示。接下来，再将时间调整为“00:00:03:00”，再次调整缩放比例为“80”，如图 11-13 所示。此时就完成了一个 3 秒的小动画，在这个动画过程中，“春夏秋冬”由小变大（0%~80%），这样的片头会更加惹人注目。

图 11–12　缩放比例调整至“0”

图 11-13　缩放比例调整至“80”

子任务 11.2.4 覆叠画面，绝佳搭配天衣无缝

首先制作短视频的主体内容，先将视频中所需的图片素材从“00:00:03:00”开始，按照“春夏秋冬”的顺序依次拖进覆叠轨道，如图 11-14 所示。图像素材次序排列后，在左侧的“效果控件”面板中调整缩放比例，使图片适配视频并留有余地，并添加字幕，四张图依次完成本操作，如图 11-15 所示。

图 11-14　将图片素材按照“春夏秋冬”的顺序依次拖进覆叠轨道

图 11-15　调整缩放比例

其次，为每张图片设置其适合的出场方式，为了图片素材间更为自然的转换，选择“效果”→“视频过渡”→“溶解”→“叠加溶解”效果，并将过渡时间调整至 2 秒，如图 11-16 所示。

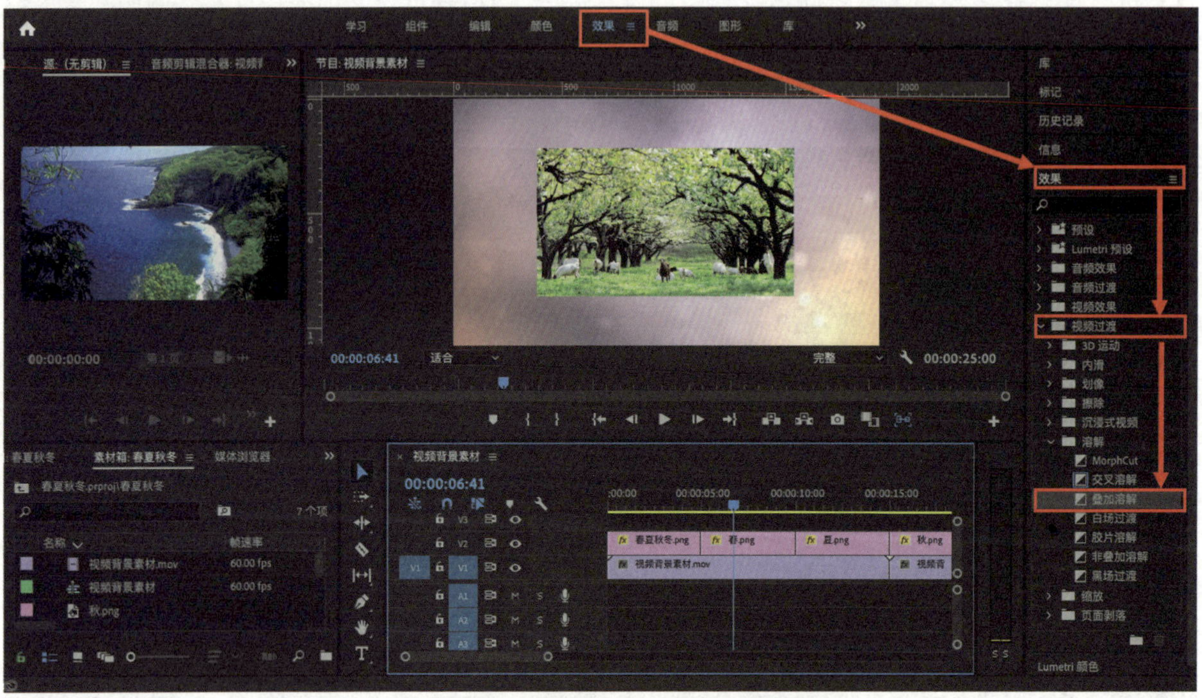

图 11-16　选择“叠加溶解”效果

将“叠加溶解”效果拖动至素材与素材之间，如图 11-17 所示，衔接部分既为上一图像的消失，又为下一图像的出现，增加此效果使画面无缝衔接。依次运用每一处衔接，并在最后一张图片结尾处添加“黑场过渡”效果，如图 11-18 所示。

图 11–17　添加“叠加溶解”效果

图 11–18　为每一个切换处添加过渡效果

子任务 11.2.5 字幕效果，传情达意不在话下

单击 Pr 界面中下方的字幕“T”按钮，此按钮为文字工具，单击该按钮后可以在预览界面中框选想要添加字幕的位置，并输入相应的文本内容。本案例中输入了一句描述春天的诗句“好雨知时节，当春乃发生”，在左侧“文本”面板中可以选择字体的类型、大小以及颜色等，如图 11-19 所示。最后，在界面右下角的时间轴中调整字幕出现的时间。

图 11-19 添加字幕

按照上述步骤，依次为每张图片素材配上对应的诗句字幕，并为字幕配置相应的过渡效果，使字幕与视频可以同时切换，协调统一，如图 11-20 所示。

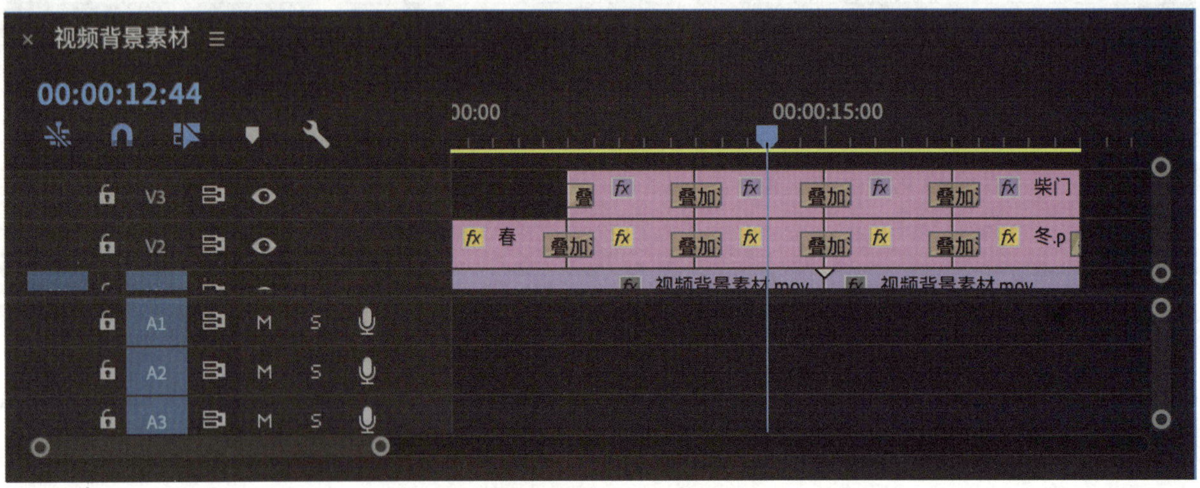

图 11-20 为每张图片素材添加字幕并设置过渡效果

子任务 11.2.6 背景音效，魅力大增回味无穷

在 Pr 主界面中，采用类似子任务 11.2.1 所介绍的导入素材的方法，同样也可以导入音频素材。在音乐素材导入素材库后，将其拖入时间轴中，制作成背景音乐，并拖动音乐素材的两端，使其音频时长与视频相对应，如图 11-21 所示。

图 11–21　添加背景音乐

在添加背景后，还需要为音乐添加“淡入淡出”效果。首先，在时间轴中定位到“00:00:00:00”处，再在左侧“音频”面板中滑动“音量级别”滑块至“- ∞”的位置，如图 11-22 所示。然后，定位到“00:00:03:00”处，并将“音量级别”调整为“0.0dB”，如图 11-23 所示。这样就完成了“淡入”的效果。

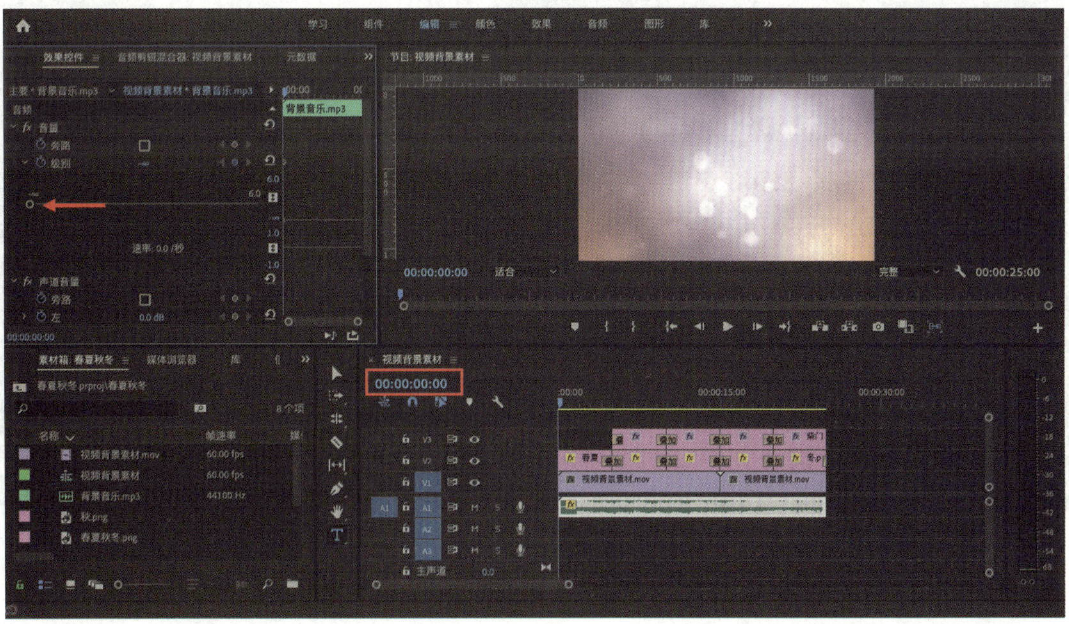

图 11–22　调整音量大小为“– ∞”

图 11-23　调整音量大小为“0.0dB”

接下来继续完成“淡出”效果。首先，在时间轴中定位到“00:00:22:00”处，单击左侧“音频”面板中“音量级别”右侧的“小圆点”按钮添加关键帧，如图 11-24 所示。接着，定位到“00:00:25:00”处，并将“音量级别”调整为“- ∞”，如图 11-25 所示。这样就完成了“淡出”的效果。

图 11-24　添加“音量级别”的关键帧

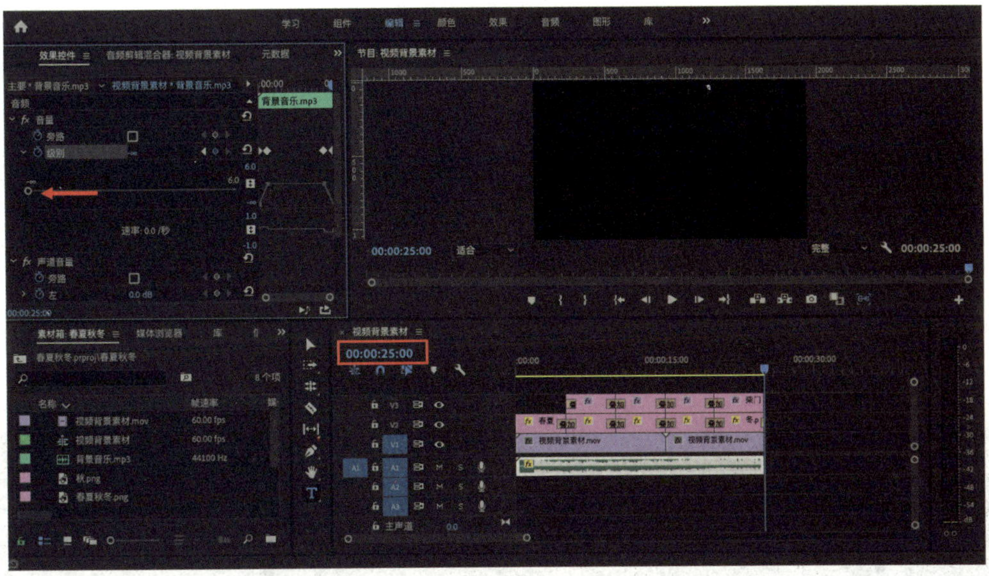

图 11-25　调整结尾的音量级别为“－∞”

任务 11.3　发布分享，瞄准目标一步到位

制作短视频的工序已经完成，接下来要对其进行保存、分享和发布。先将短视频从 Pr 软件中导出，接着将视频分享至今日头条客户端。

子任务 11.3.1　渲染输出，格式大小不可忽视

首先，在 Pr 主界面中选择“文件”→“导出”→“媒体”选项，如图 11-26 所示，即可跳转至如图 11-27 所示的“导出设置”界面，在这个界面中，创作者可以选择导出视频的格式、名称以及其他相关参数。

图 11-26　选择“媒体”选项

本案例选择“H.264”格式，该格式是国际标准化组织（International Organization for Standardization，ISO）和国际电信联盟（International Telegraph Union，ITU）共同提出的继MPEG4之后的新一代数字视频压缩格式，它与其他现有的视频编码标准相比，在相同带宽下可以提供更加优秀的图像质量。接着，在右下角的“视频”面板中调整比特率，设置“比特率编码”为“VBR，1次”，并设置“目标比特率（Mb/s）”为“10次”。此时可以看到下方的“估计文件大小”为30MB，文件大小合适，单击“导出”按钮开始文件渲染导出。

图 11-27　选择导出视频的参数

子任务 11.3.2 上传分享，宣传推广精彩视频

渲染完成后，视频已经保存在相应的文件夹中了。接下来，登录今日头条，进行分享发布。在今日头条首页右上方单击“发布”按钮，即可完成发布，如图11-28所示。

之后，跳转至如图11-29所示的今日头条个人页面，单击左侧的“视频”按钮，选择发布的内容为视频类型，即可跳转至如图11-30所示的选择视频页面。

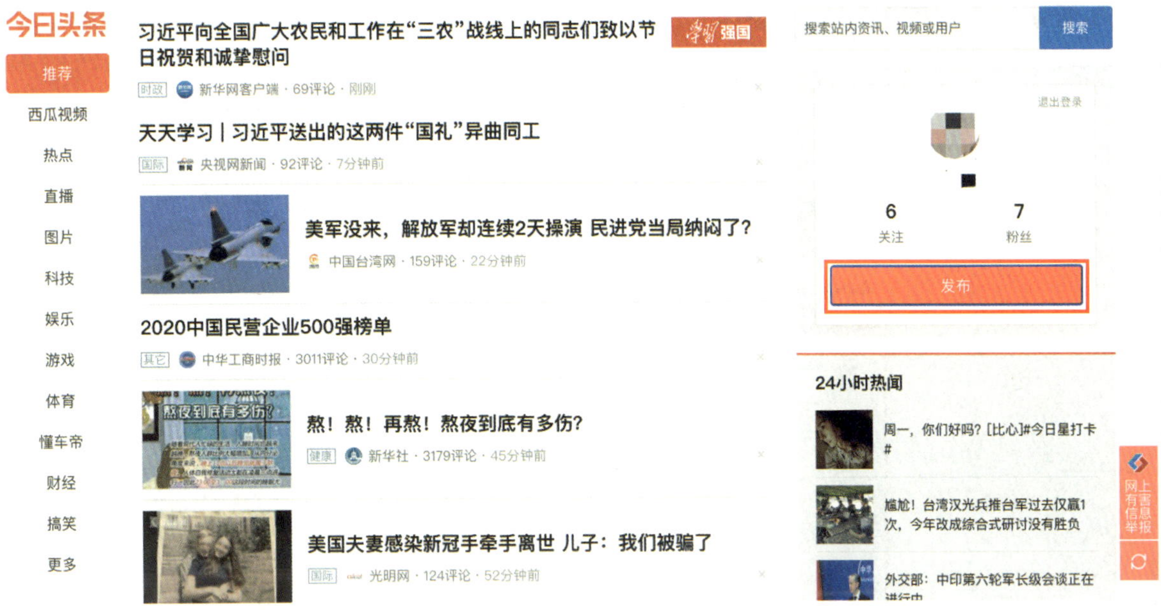

图 11-28　今日头条首页

图 11-29　选择发布内容为视频类型

图 11-30　选择视频页面

在选择视频页面选择所要上传的视频后，页面将跳转至如图 11-31 所示的视频基本信息编辑页面。在该页面中，创作者可以自行根据视频内容及主题编辑该视频的相关标题和封面。单击“封面”框，创作者可以选择上传视频中的任意一帧作为该视频的封面，笔者选择了“春夏秋冬”最有代表性的开场动画截图作为视频封面。最后，单击页面右下角的“发布”按钮即可完成今日头条短视频的发布。

图 11-31　编辑文案及封面并发布

项目 12

淘宝平台——《手腕爱恋》绽放手腕光芒

项目目标

（1）学习充分准备前期拍摄工作。

（2）掌握后期制作的流程和能够利用效果打造应用。

（3）实践导出要求及上传分享。

项目结构

任务 12.1　前期拍摄，准备充分胸有成竹

任务 12.2　后期制作，精心孕育大有可为

任务 12.3　发布分享，曝光效果扩大影响

项目导入

4G和移动终端的普及使短视频从一种影像传播的方式逐步转变为一种生活方式。《2019中国网络视听发展研究报告》指出，在互联网访问流量中，网络视听类应用的流量占比80%以上。即将到来的5G技术，将使打开视频像打开图片一样快速，更多普通网民可以参与到内容创作中来，短视频将成为内容传播的绝对主力。随着5G时代的到来，短视频或迎来新一轮爆发。短视频+电商将成为新一轮的风口。目前，淘宝、京东、微店等电商平台都推出了短视频的营销形式。在首页、详情页等页面中插入关于商品的短视频，可以让用户更直观地认识到商品的特点，直观的产品演示还可以帮助目标用户快速选择，达成交易。

任务 12.1 前期拍摄，准备充分胸有成竹

短视频是新媒体常用的一种营销推广形式，尤其是对淘宝、天猫、京东等电商平台来说，短视频广告不但可以更好地展现产品、促进销售，还可以分享到朋友圈、今日头条、优酷等平台，为店铺或商品引流。在淘宝短视频的拍摄中有很多值得注意的地方，如前期准备工作。

子任务 12.1.1 拍前准备，硬件软件缺一不可

在电商平台的产品拍摄过程中，应根据商家对产品短视频的要求和预算，准备相应的拍摄硬件和软件后期。短视频质量要求高、预算充足的情况下，选择专业级的设备和拍摄制作团队更容易达到理想效果。对于初创型的自营商家，可降低短视频质量标准，满足预算标准，自行制作。本章内容以初创型的自营商家为例，分三点展示低预算情况下如何完成短视频制作。

1. 脚本构思

从以下几点筛选出最突出的产品特点：品牌、款式、功能、效果、材质、赠品、颜色、工艺、产品技术、使用方法、买家秀、配件、使用方法、售后、包装、快递等。结合产品的需求痛点和竞品分析，罗列出产品特点的表现形式。以手链为例（见图12-1），在电商平台中搜索“手链”，在搜索页面可以看到竞品强调的各自的卖点，有“小众设计”“天然紫水晶”“925纯银”“手工打造”等。针对这些卖点，可以整理一个对比表格，如表12-1所示。

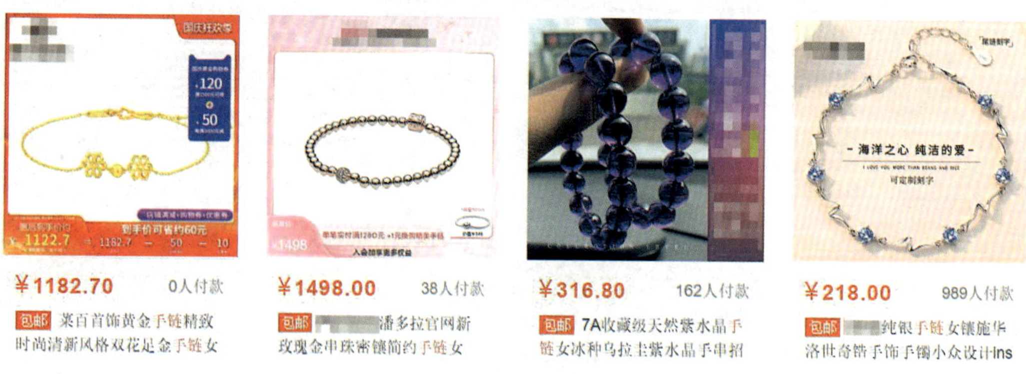

图12-1 产品案例

表 12-1　产品卖点对比

	竞品主图卖点	自营产品卖点	客户疑问
1	小众设计	原创设计	有质量保证吗?
2	收藏级紫水晶	天然紫水晶	不喜欢怎么办?
3	925 纯银	999 纯银	包装是否精美?
4	生日礼物	伴手礼	日常怎样维护?
5	韩版简约	手工编辑	会不会具有个性?
6	手工打造	无忧购物	包邮送运费险?
7	……		……

通过这个表格，制作者可以知道主图、视频需要讲哪些卖点。总结如下：自营产品独特的功能和效果——“原创设计”“天然紫水晶”“无忧购物”，突出差异化的购买理由，视频展示“999 纯银”“手工编辑”“伴手礼”。以上的卖点重点显示，然后压缩到主图视频中，让买家看完视频就有下单的欲望。

2. 拍摄硬件

根据预算准备硬件设备，入门级微单和主流手机镜头目前都具备千万级像素（见图 12-2），均能满足电商平台和移动端的传播需求；其次，稳定器或三脚架也必不可少，影像拍摄“稳”非常重要，特别是视频最注重稳定；再次，摄影是光的艺术，这一点在视频拍摄上一样通用，在灯光到位的情况下，即使使用手机拍摄，也会获得不错的视觉效果（一般来说需要配备 3 盏以上的补光灯补光，就满足拍摄需求。如若没有补光灯，合理利用自然光，调整被摄物受光位置也是可以的）；最后，纯净的背景，可以让画面显得清新干净，也利于后期抠图制作，应尽可能选用单色背景或虚化背景。此外，模特或道具也能让产品特点展示突出，合理的利用将会增光添彩。影像拍摄是减法艺术，重点在于正确曝光、合理构图、焦点准确清晰、突出产品特点。这样拍摄的准备工作就显得至关重要，拍摄时要注意艺术与技法相结合，拍摄能力则要靠勤学苦练、日积月累。

图 12-2　拍摄硬件

3. 后期软件

目前，电商平台对图片视频的处理以 PC 端为主，但手机也可以实现，手机应用简单易学、快速便捷，更具有拍摄模板和内置素材库，适合准备入行的卖家使用；而 PC 端软件功能强大、质量优越、效果丰富，更适合具备计算机基础，能够熟练操作软件的人群使用。无论是手机还是PC端，都要按电商平台的制作标准执行影像编辑。目前，影像剪辑App主要有快影、趣推、剪映等，如图12-3所示，此类手机App都具有分割、删除视频，添加字幕、特效、配乐等，可套用模板、自动剪辑合成、一键分享等特点，便捷实用。PC端软件的自由度则更高，可以自由地发挥，更好地满足创意想法，提升影片质量。例如，Adobe旗下的PS\PR\AE，会声会影、爱剪辑等，专业的剪辑软件满足了采集、剪辑、调色、字幕添加、音频美化、输出等复杂高质量的制作要求，对使用也有更高的要求。

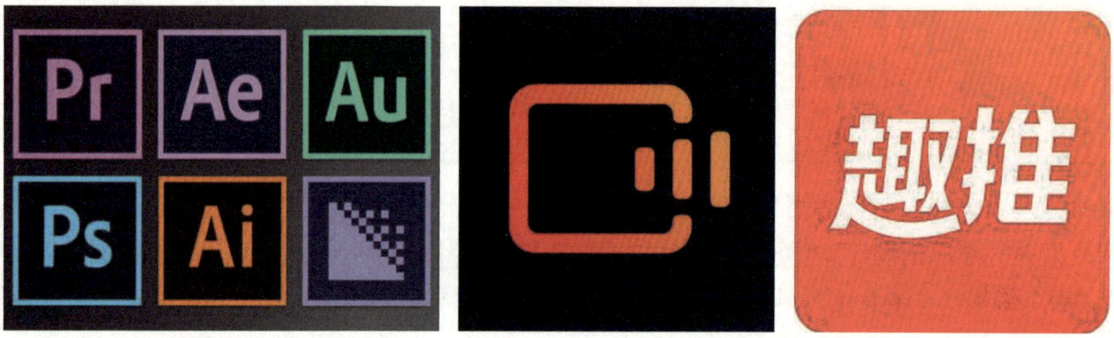

图 12-3　后期软件案例

子任务 12.1.2 具体拍法，细枝末节都应重视

拍摄短视频的具体过程中，切不可操之过急，看到拍摄对象就直接开拍。需要根据拍摄对象，进行构思，可以采用之前提到的脚本构思方法，灵活运用之前学习的构图方式，突出产品的特点、突出差异化的购买理由。合理的运用拍摄技巧（推、拉、摇、跟、升、降），也可利用辅助器材小滑轨、稳定器保证效果。还需要注意使用灯光表现出物体的轮廓、层次、对比等。拍摄技巧与构图需要勤加练习、融会贯通，才能拍出较高的水准。

图 12-4　产品案例 1

以手链短视频为例，视频画面采用了旋转、景深、大小对比等几种不同的构图方法。主要的构图方法在前面的章节中已经介绍过，接下来讲解构图如何具体实现。

如图12-4所示的画面，采用的是俯视、全景及圆形构图，通过瓷器呈现，能够比较全面地展示出手链的整体面貌，让观看者能够想象到自己佩戴它的效果。

其采用全景构图拍摄方式，目的是突出手链的整体工艺细节，如典雅光洁紫水晶、手工打磨的银饰祥云球、圆润光滑的黄珠等。画面圆形元素传递一种整体感，相互呼应。

图 12-5　产品案例 2

如图12-5所示的画面，采用的是浅景深构图，近处清晰凸显鎏银祥云球，虚化远处的布景，层次分明，主题明显。突出手链细节特征，放大优点，吸引客户注意

力，引导其产生购买兴趣。

构图是影像拍摄过程中必不可少的部分，也是创新立意必备技巧。只有根据拍摄方案、脚本构思确立拍摄构图角度，运用正确的构图方法，才能将影像视频拍得更好，使其具备足够的吸引力。

任务 12.2 后期制作，精心孕育大有可为

拍摄好影像视频后，也仅仅成功一半，因为原片是无法直接呈现给客户观看的。视频想要精彩，离不开恰当的剪辑、合适的配乐、适当的字幕以及精彩的特效。后期制作是一个精心的细致工作，也是短视频制作中一个必不可少的环节，起到锦上添花的作用。

特别是对于在淘宝、京东等电商平台上展示的短视频而言，淘宝短视频营销推广优点在于能让顾客在最少的时间内了解产品的特点。目前，不管是主图、详情页，微淘还是宝贝评价中，都出现了短视频，而短视频可以更好地表达产品的卖点，而且有些很难用图文页面描述的特征，利用短视频可以更好地呈现给买家。所以，未来淘宝运营的视频化是一个必然的趋势，而这种视频让粉丝转化率提升很高。

产品在视频中表达的点，应该是买家最关心的点，产品最强的卖点是卖家跟买家解释的点。所以后期制作，就是精挑细选、仔细斟酌的过程。现以手链短视频为例，介绍在 Adobe Premiere 中处理短视频的具体过程。

子任务 12.2.1 导入视频，丰富素材打好基础

随着 5G 时代的来临，视频传输的技术壁垒将不复存在，短视频能否清晰地传达产品卖点，并对这一特点进行放大，是后期制作的重点，传统的静态图片已经无法满足需求，而短视频营销已成为产品展示的趋势。通过将图片、视频转化为短视频，可以带来更好的视觉与听觉刺激，引人入胜，达成营销目的。

为了实现这一目标，就必须掌握后期制作的方法，下面就介绍后期制作的方法和技巧。

（1）新建项目。如图 12-6 所示，使用“Ctrl+Alt+N”组合键创建一个新的项目，选择存储位置并为项目命名。

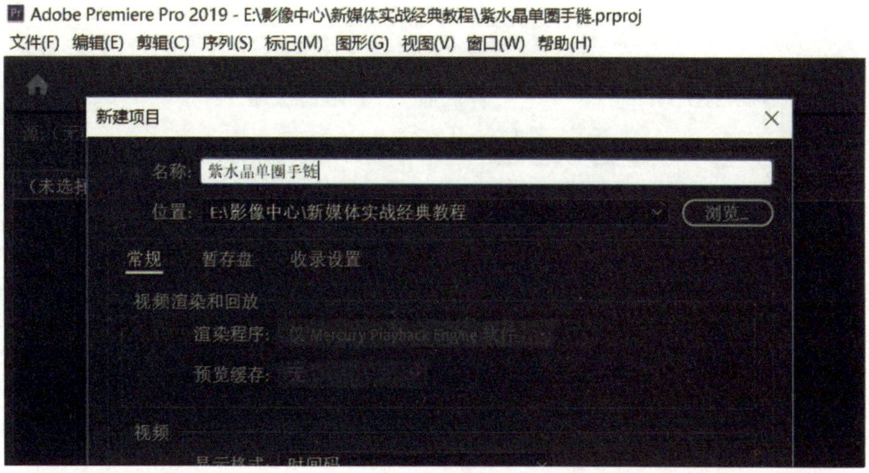

图 12-6　新建项目

（2）新建序列。如图 12-7 所示，使用“ Ctrl+N”组合键新建一个序列，设置“编辑模式”为“自定义”，“时基”为“25.00 帧 / 秒”，“帧大小”为“720”，满足 16 ∶ 9 / 1 ∶ 1 / 3 ∶ 4 的比例要求，时长在 1 分钟以内（建议为 9~30 秒）。图片、视频的大小、规格可参考“图文描述”内的要求，如图 12-8 所示。

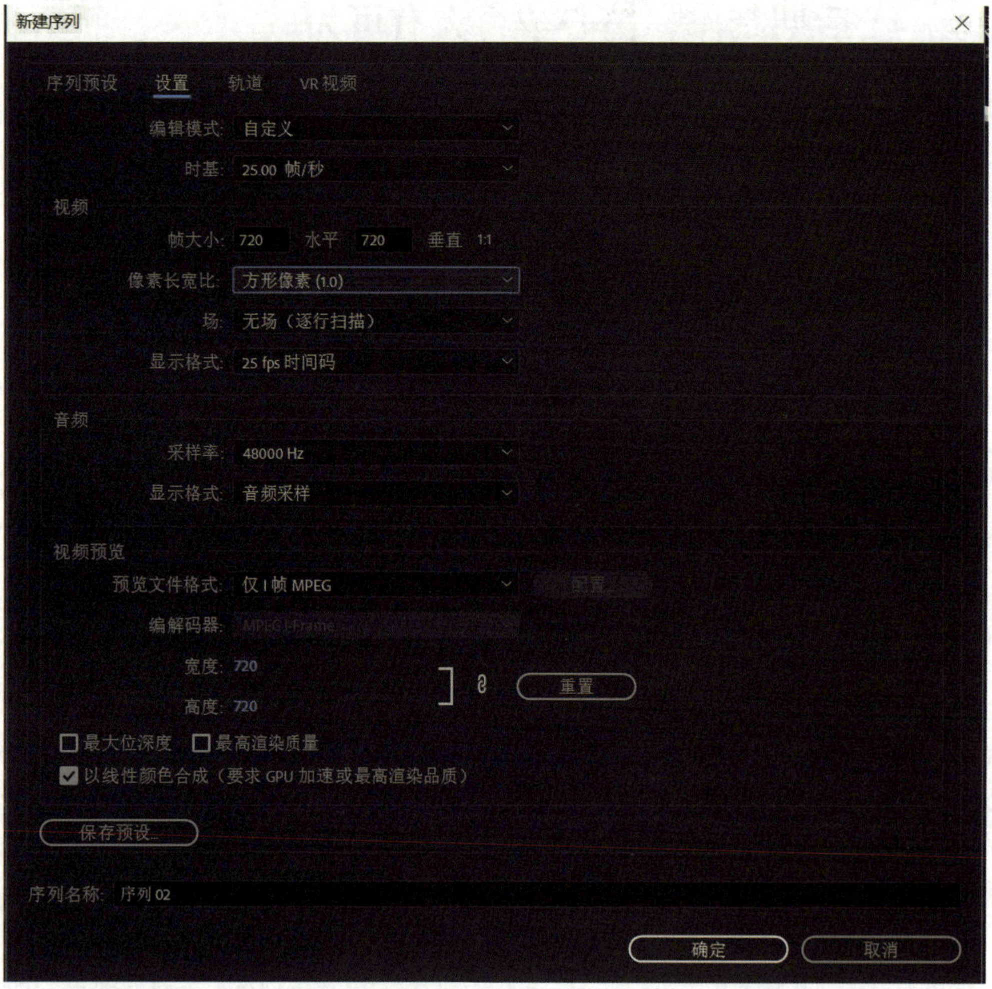

图 12-7　新建序列

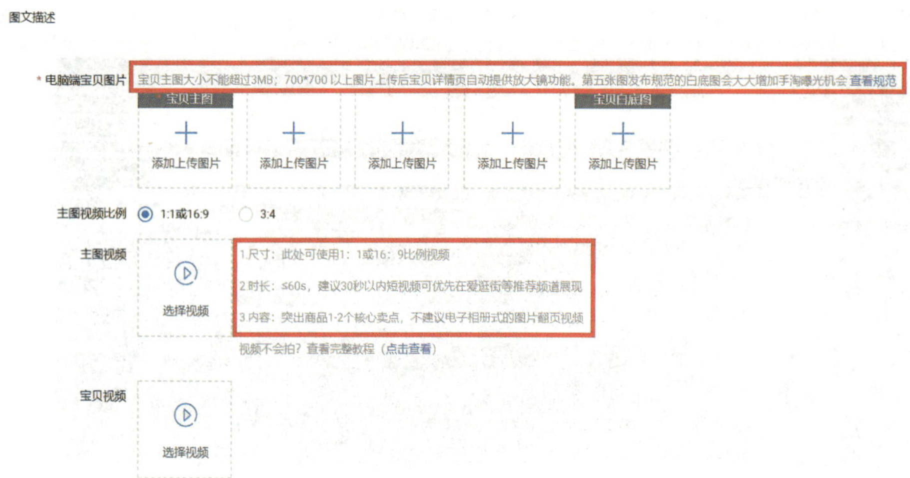

图 12-8　图文描述

（3）导入项目素材。如图 12-9 所示，使用“Ctrl+I”组合键进入“导入”界面，选择素材，单击“打开”按钮，即可将素材导入项目中。

图 12-9 导入项目素材

（4）项目素材导入序列。如图 12-10 所示，将素材拖入序列轨道或者双击素材，进入“源”面板，使用出点入点，插入或者覆盖到序列轨道。

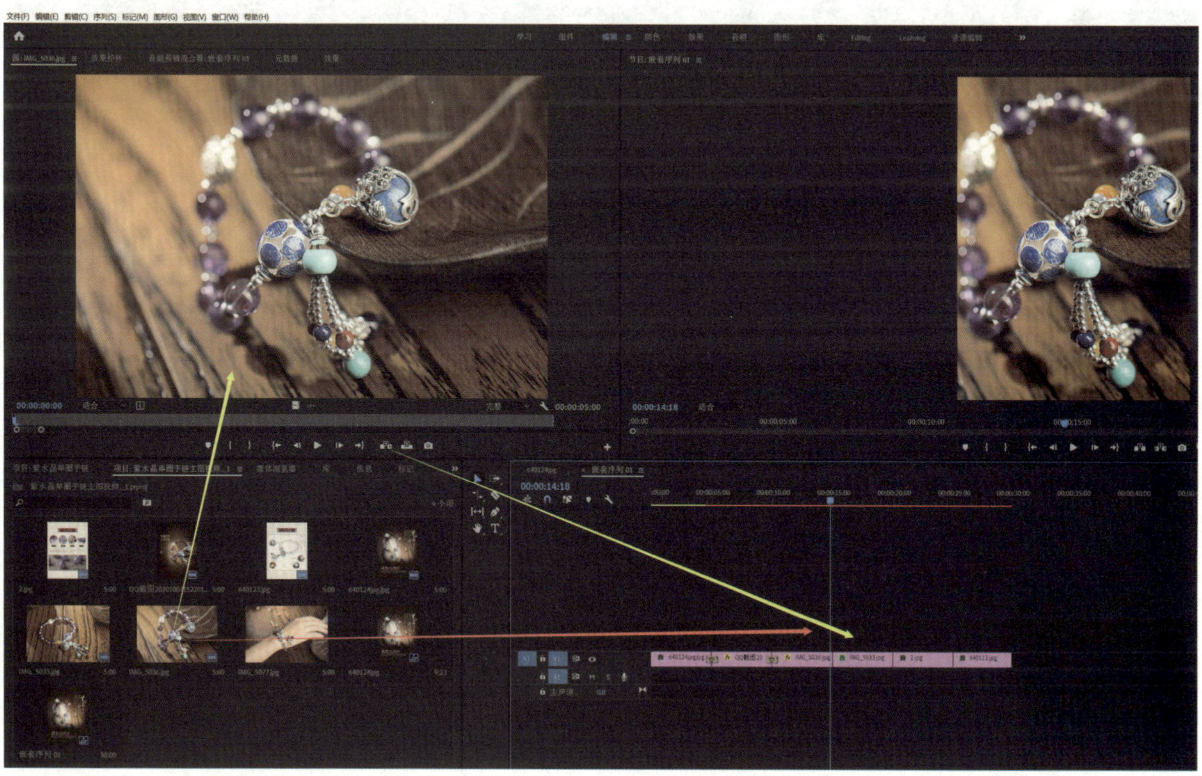

图 12-10 项目素材导入序列

子任务 12.2.2 背景画面，作为配角陪衬主体

（1）编辑项目序列：根据脚本，明确重点、凸显要点。使用“选择工具”，或按快捷键“V”，如图 12-11 所示，确定素材在序列轨道中的先后顺序。使用“剃刀工具”调整素材时长，如图 12-12 所示。在“效果控件”面板（图 12-12）中，设置运动和位置参数，调整素材位置。缩放参数，使用滑块左右滑动，如图 12-13 所示，调整尺寸大小。

（2）编辑项目效果：根据素材衔接，选择合适的过渡效果。如图 12-14 所示，选择“效果”→“视频过渡溶解”→“交叉溶解”“叠加溶解”等效果，效果不宜过多，适宜即可。也可根据素材内容选择其他相符的效果，在“效果控件”面板中调节效果的参数，如图 12-15 所示。画面效果能够营造整体氛围，带给观看者美的视觉享受。

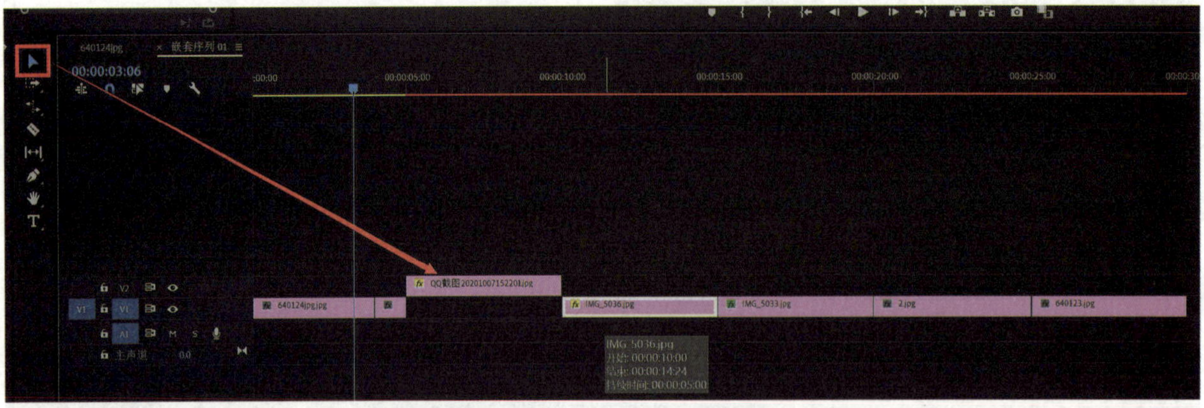

图 12-11　编辑项目序列 1

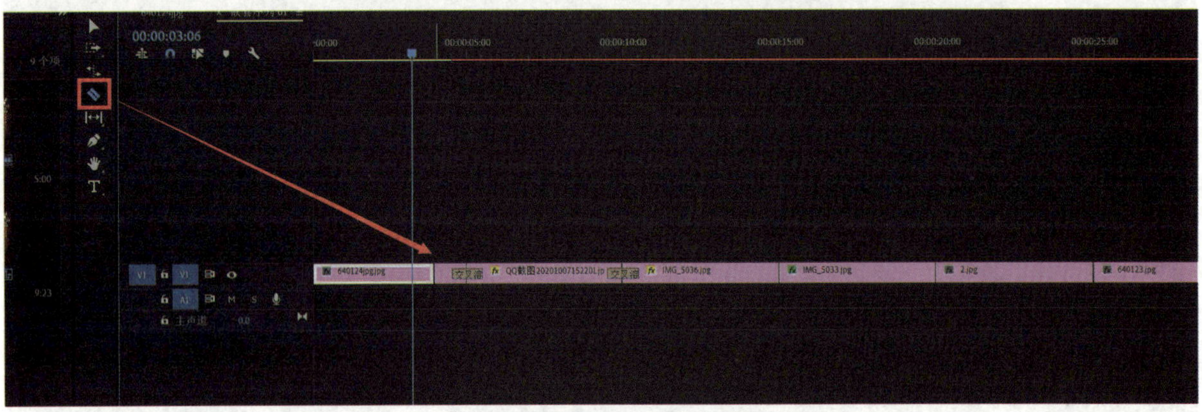

图 12-12　编辑项目序列 2

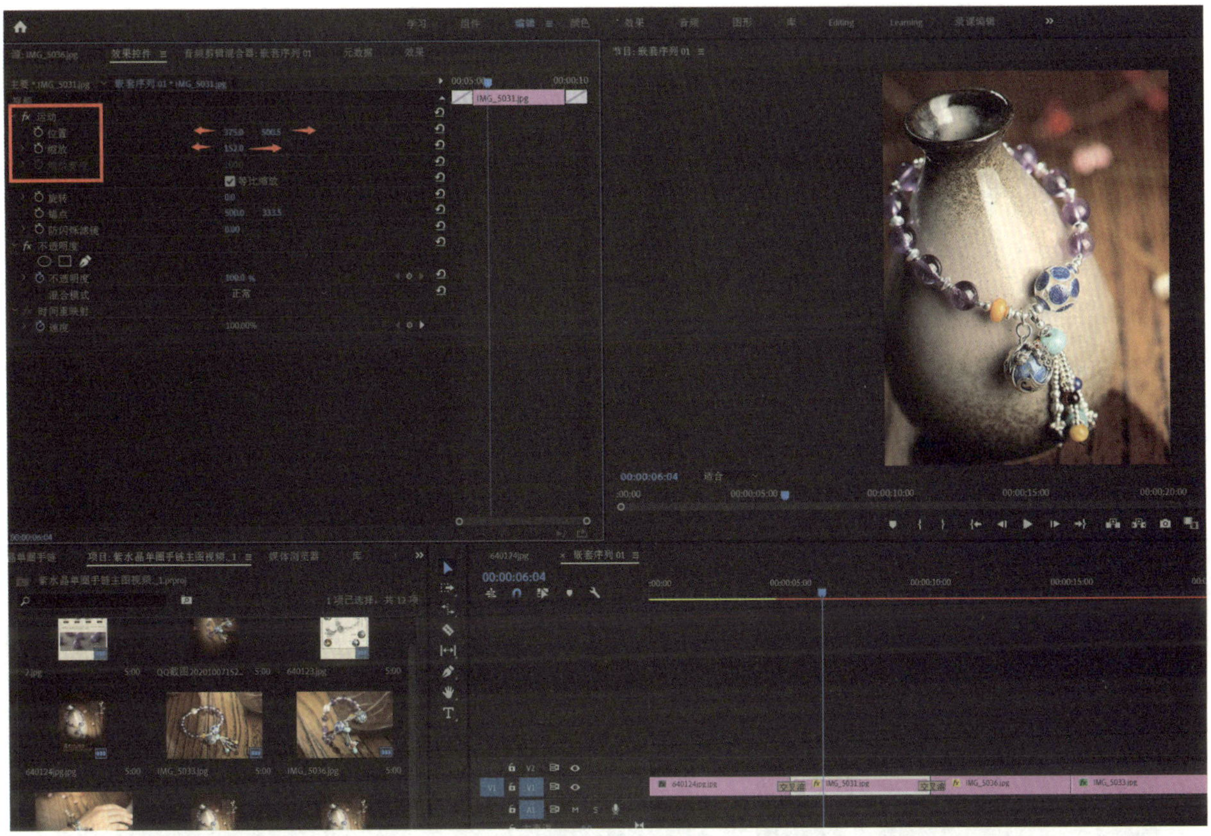

图 12–13　编辑项目序列 3

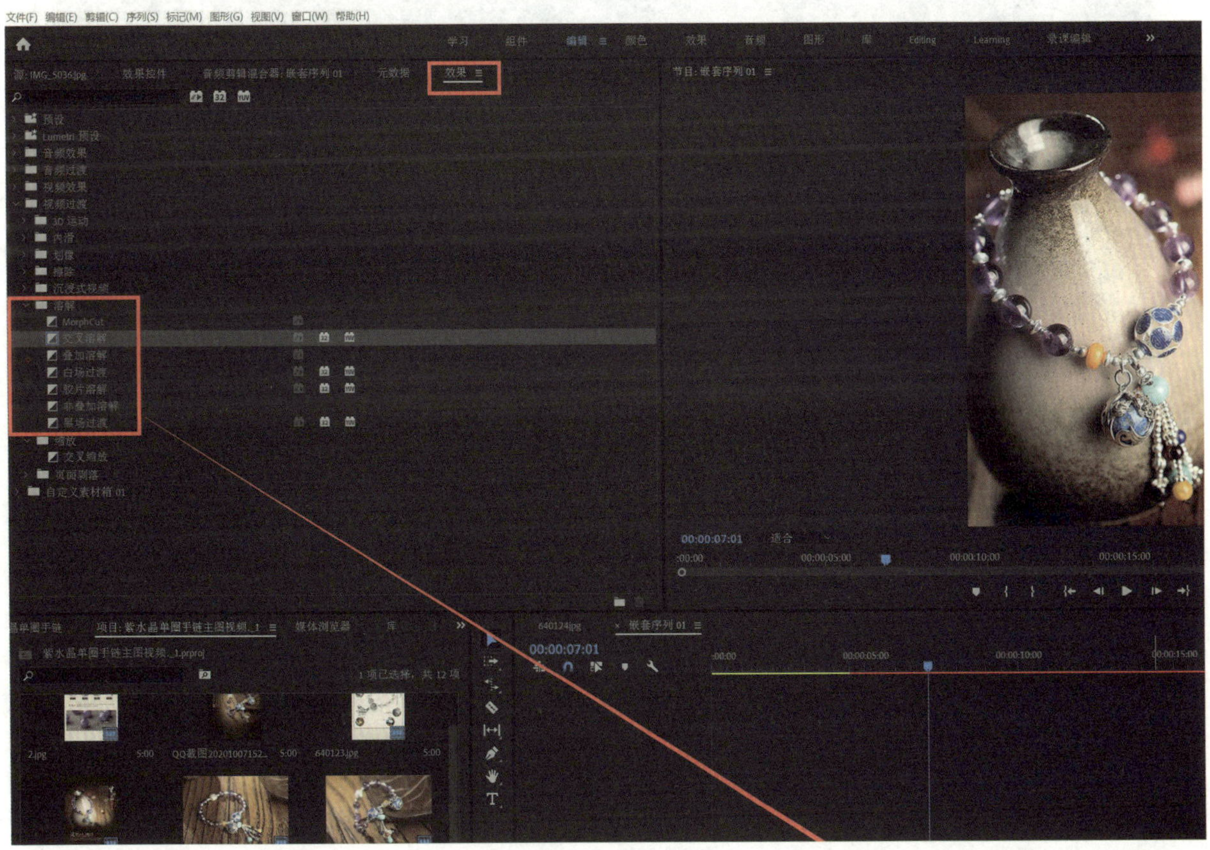

图 12–14　编辑项目效果 1

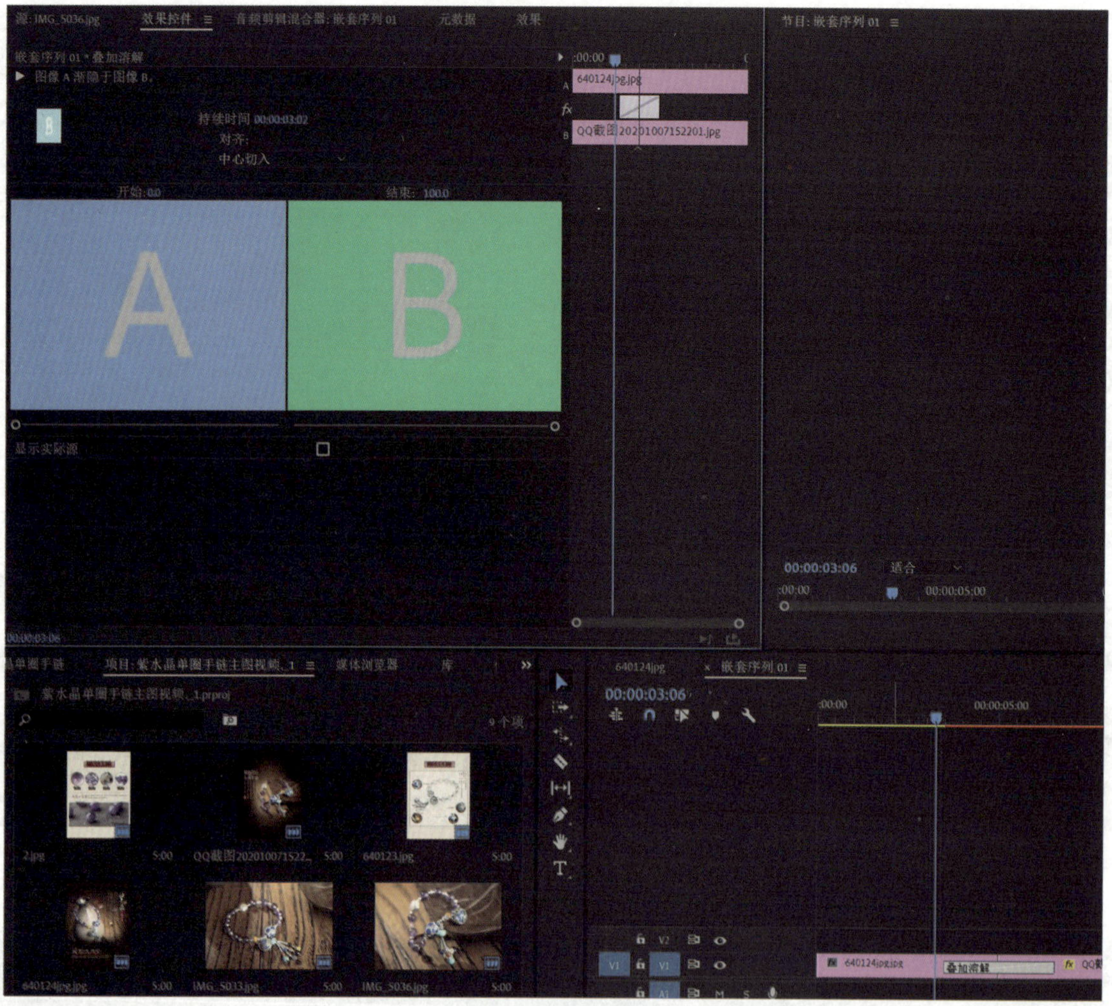

图 12-15　编辑项目效果 2

项目预览：单击“播放”按钮，预览制作好的视频效果，如图 12-16 所示。

图 12-16　项目预览

子任务 12.2.3 画中画，朦胧效果增强画面感

朦胧效果：如图 12-17 所示，为了突出主题，可以添加光效图层，调节“混合模式”为“叠加”和“不透明度”为“36%”，以增强画面层次，强调主题。

图 12–17　朦胧效果

子任务 12.2.4 片头字幕，第一印象至关重要

受限于屏幕尺寸和阅读习惯，在移动端和 PC 端视频的片头添加字幕动画效果可以使视频主题更加明确，信息更直观地传达。Pr 字幕设计有很多方式，比较常用的是添加模板动画和关键帧动画图片字幕。

（1）模板动画字幕。如图 12-18 所示，切换到图形模式，浏览基本图形，挑选合适的字幕动画效果，拖入轨道素材上方。在“效果控件”面板或者“编辑”菜单中，调节源文本字体、对齐方式、字距间距、填空颜色等，使其符合视频素材要求。

（2）关键帧动画图片字幕。如图 12-19 所示，在 PS 中设计好字幕的版式，存储为带有透明通道的图片，并拖入轨道素材上方。选择“效果”→“视频过渡”→“擦除”→“渐变擦除”效果，也可选择其他效果进行应用。

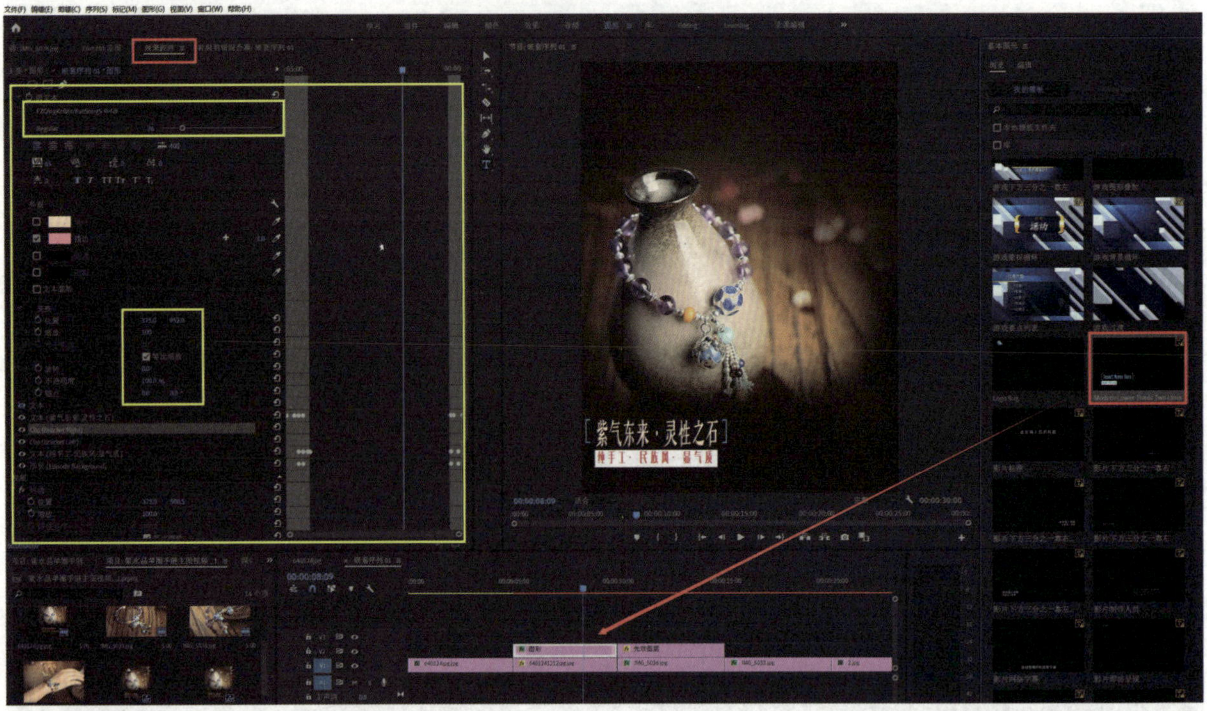

图 12-18　片头字幕

图 12-19　动画图片字幕

（3）添加字幕。如图 12-20 所示，使用同样的方法，为轨道中的其他素材制作字幕，然后更改字幕的文本内容和区间长度，在预览窗口中调整字幕的摆放位置，制作完成后，单击“播放”按钮，预览字幕动画效果。

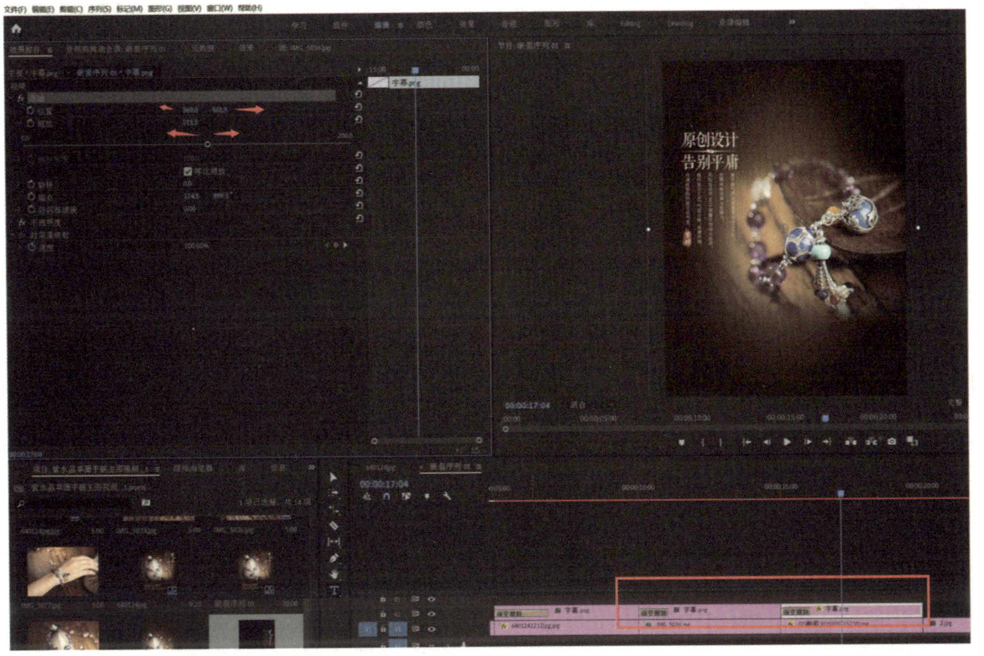

图 12-20　添加字幕

子任务 12.2.5 背景音效，声声动人融入场景

添加音频。如图 12-21 所示，切换到音频工作模式，为短视频添加背景音频文件，将音频文件拖入 A 轨道；或者在源监视窗口，使用出点和入点，将音频文件插入或者覆盖到 A 轨道。根据视频素材长度，使用“波纹编辑工具”(快捷键为“B”)调节音频的长度，在音频的入点和出点应用淡入淡出效果可以提高音频的协调性，通过音频剪辑混合器调节音频音量，调节参考为音波冲击黄色区域即可。

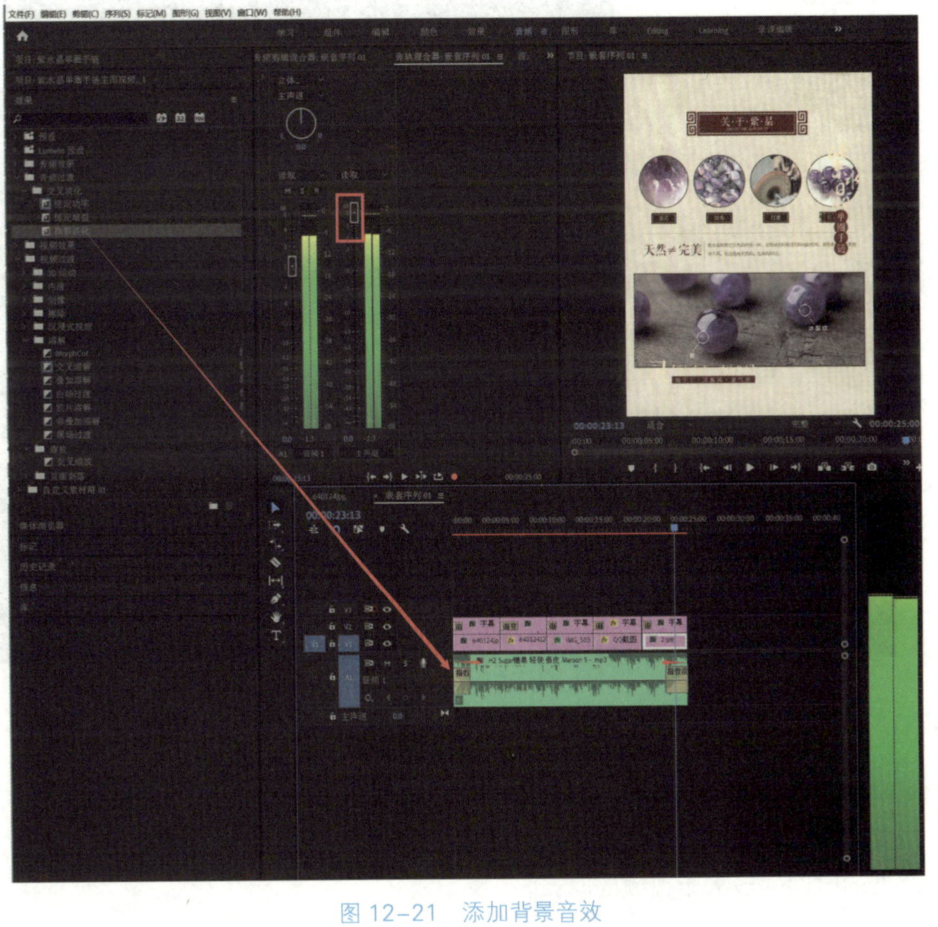

图 12-21　添加背景音效

任务 12.3 发布分享，曝光效果扩大影响

使用 Adobe Premiere 制作短视频还是比较简单的，熟练掌握以后，效果和速度都能快速提升，而且 Adobe 旗下的 Photoshop 和 Lightroom 是专业的图片处理软件，After Effects 是专业的特效制作软件。它们之间的兼容比较好，彼此配合能够提高短视频制作水准。短视频制作完成后，即可导出分享。

子任务 12.3.1 导出保存，画质清晰才是重点

短视频的保存虽然看上去很简单，但依然要注意编码格式、储存位置、码率大小。一定要保证画质清晰，压缩码率恰当。

（1）项目管理。如图 12-22 所示，Premiere 保存的图标仅仅是快捷方式，还需要和素材文件配合。很多初学者，制作之前没有进行素材整理，容易造成素材移位，导致链接丢失。面对这种情况除了重新链接素材以外，还可以进行项目管理，打包存储整体素材及工程文件。选择“文件”→“项目管理”选项，弹出“项目管理器”对话框，选择想要的序列、手机文件，并复制到新的位置即可。

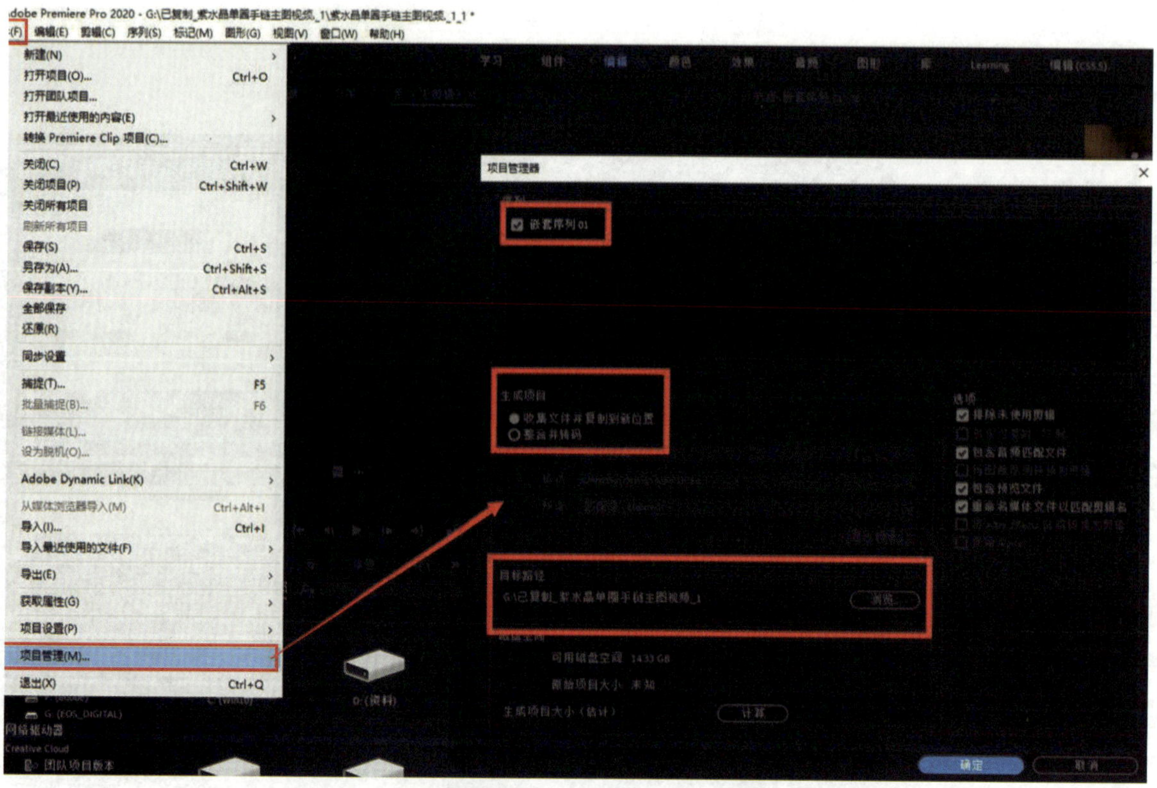

图 12-22 项目管理

（2）保存导出。如图 12-23 所示，选择“文件”→“导出”→“媒体”选项，或按“Ctrl+M”组合键，弹出“导出设置”对话框。输出文件名称为文件名，设置“格式”为“H264”，选择存储位置，根据文件大小调整比特率大小，输出文件须小于 20MB。单击“导出”按钮即可渲染输出，渲染的时间一般大于视频的时长。

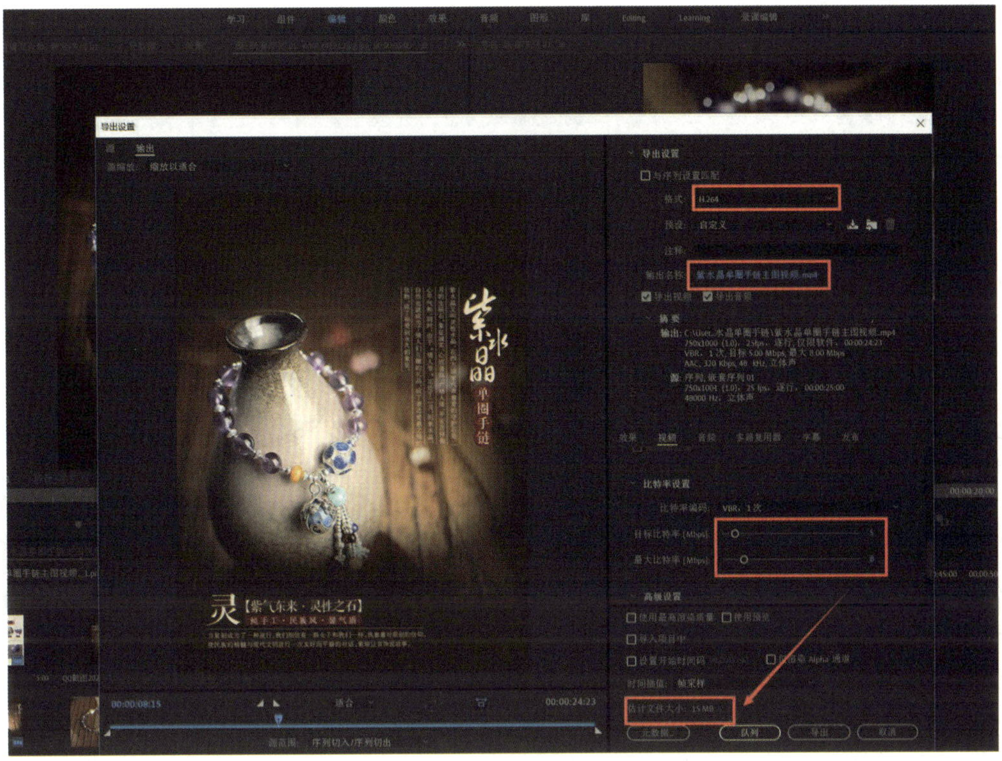

图 12-23　保存导出

子任务 12.3.2 上传分享，一丝不苟步步为营

以淘宝电商平台发布为例，需先将制作好的短视频导出至本地，并上传平台，然后再在发布产品的时候直接调用。每个电商平台，虽然上传规则有所区别，但都有一些共同特征，只要牢记要求，在短视频拍摄、剪辑制作过程尽量避免违反规则，就能发布成功。就淘宝短视频上传而言，做个介绍。

（1）登录官网。在如图 12-24 所示的淘宝官网中，单击右上方的“登录”按钮，或扫描右侧的二维码即可输入账号、密码登录官网。

图 12-24　淘宝官网首页

（2）选择操作。如图 12-25 所示，在千牛卖家工作台选择发布宝贝。

图 12-25 选择操作

（3）发布商品。如图 12-26 所示，按提示填写宝贝信息，尽量符合产品的特点和定位，然后单击“下一步，发布商品”按钮，跳转到如图 12-27 所示的页面。

图 12-26 编辑内容

（4）编辑基础信息。如图 12-27 所示，按提示填写宝贝名称，名称非常关键，既要买家能搜索到，又要能够吸引买家察看宝贝。根据商品定位和特点，梳理关键词。当买家输入关键词搜索时，只有宝贝名称中包含了买家输入的“关键词”，商品才有可能被搜索到。另外，基础信息必须在 60

个字符以内（不能超过 30 个汉字），否则会影响发布。

图 12-27　编辑基础信息

（5）编辑图文描述。很多销量不错的淘宝网店的宝贝描述都有一个共同的特点，那就是内容简洁、卖点突出、版面清爽有条理、图文并茂。图文描述可以归纳为性能演示、排序列表和优劣对比，以及售后政策、证书支撑等，如图 12-28 所示。

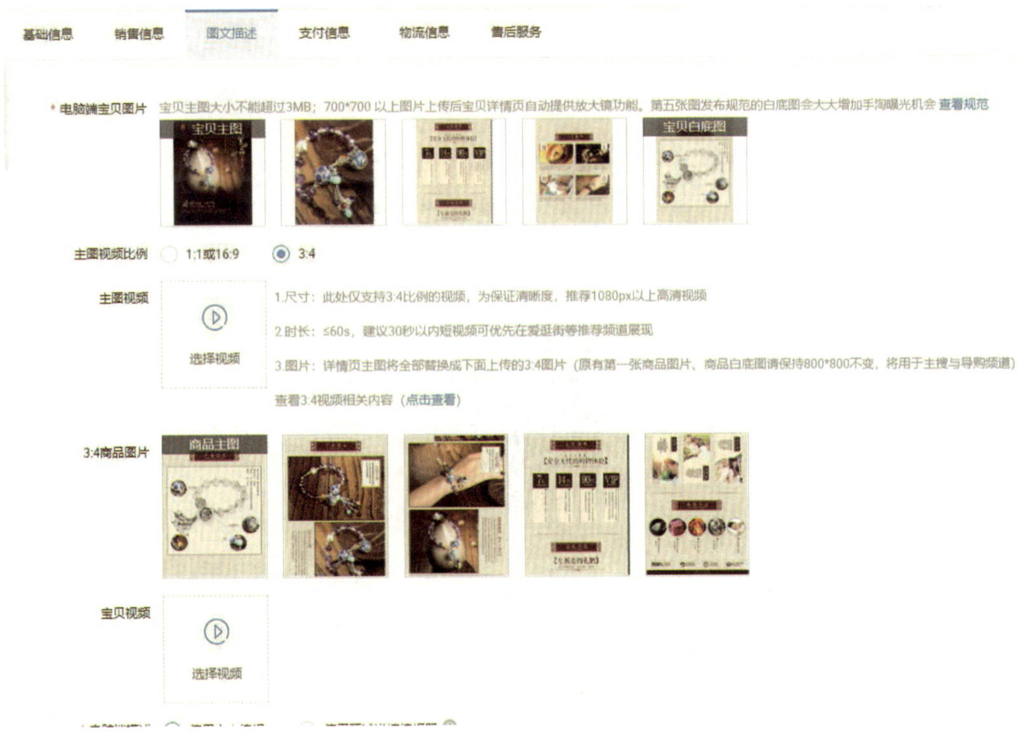

图 12-28　编辑图文描述

值得注意的是，在淘宝平台上发布短视频相对而言会比较复杂，限制也多，但这对淘宝店家来说却是不可缺少的一个环节，同时也是所有商家必须研究应对的问题。要求店家熟悉《上传服务协议》，这样才能确保上传短视频符合相应的条件，能快速通过审核。

（6）发布上新。视频通过审核后，进入发布宝贝的页面，单击“主图视频”按钮，进入“视频中心”，确认已经上传的视频通过审核后即可上传视频至宝贝页面中。如图 12-29 所示为短视频上传至宝贝页面中的效果，也就是买家购物时常常看到的商品展示视频。

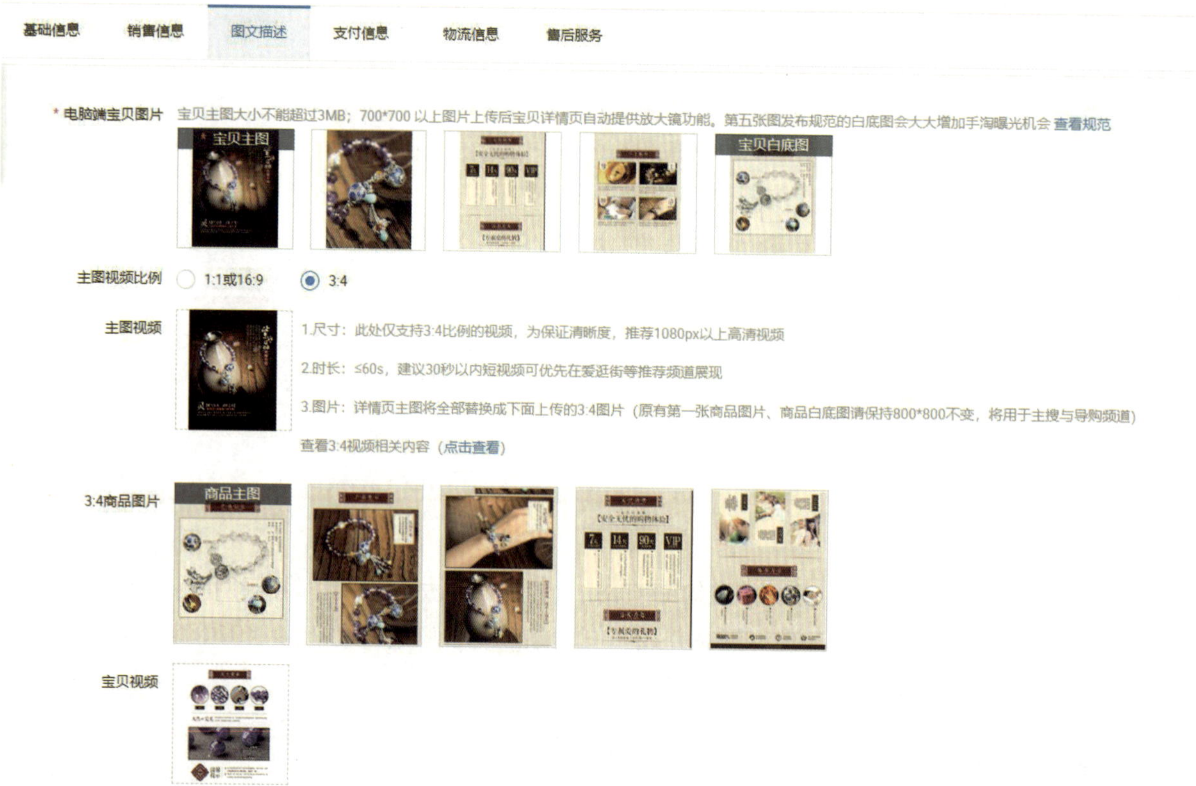

图 12-29　发布上新

当买家进入商品首页时，短视频就会自动播放，展示商品设置的特点、特色，帮助买家迅速获得商品信息，快速了解商品的特点、特色，让买家更容易产生购买商品的欲望。短视频也将随着电商的发展壮大，会进一步升级为多维度电商视频，以适应跨界电商的需要。

拓展训练

参 考 文 献

[1] 秋叶，刘勇. 新媒体营销概论 [M]. 北京：人民邮电出版社，2017.

[2] 谭天. 媒介平台论 [M]. 北京：中国人民大学出版社，2016.

[3] 谭辉煌，刘淑华. 新编新媒体概论 [M]. 重庆：重庆大学出版社，2018.

[4] 张向南. 新媒体营销案例分析 [M]. 北京：人民邮电出版社，2017.

[5] 李东临. 新媒体运营 [M]. 天津：天津科学技术出版，2018.

[6] 万小广. 媒体融合新论 [M]. 北京：新华出版社，2015.